L'UNIVERSITÉ

DE MARSEILLE

DEVANT

L'OPINION PUBLIQUE

« Dans l'Académie de Douai (d'Aix) les quatre Facultés sont dispersées. Cette dispersion n'est-elle pas un principe irrémédiable de faiblesse? n'est-elle pas un obstacle invincible à ces relations étroites qui doivent se nouer entre les professeurs, à ce contact qu'il est si désirable d'établir, et qui existe ailleurs, entre les différents ordres d'enseignement et au désir patriotique de rapprocher les étudiants d'une même région en une famille unie par le culte de la vérité et de la patrie? »

(Projet de loi présenté par M. Berthelot, Ministre de l'Instruction Publique, le 26 mars 1887.)

50 CENTIMES

PUBLIÉ

PAR LA SOCIÉTÉ DES AMIS DE L'UNIVERSITÉ

DE MARSEILLE

· 1895

L'UÑIVERSITÉ DE MARSEILLE

DEVANT

L'OPINION PUBLIQUE

L'UNIVERSITÉ

DE MARSEILLE

DEVANT

L'OPINION PUBLIQUE

50 Centimes

PUBLIÉ

PAR LA SOCIÉTÉ DES AMIS DE L'UNIVERSITÉ

DE MARSEILLE

1895

IMPRIMERIE BARTHELET ET Cie

MARSEILLE

INTRODUCTION

« Nous voyons éclater, à Lille, dans leur
admirable supériorité, tous les avantages des
constitutions universitaires. *A l'éparpille-*
ment, à la dissémination, à l'isolement, causes
de faiblesse, de langueur et d'inertie, succèdent
le groupement, l'organisation méthodique,
la coordination des forces agglomérées. »

(*Discours de M. Poincaré, ministre de*
l'Instruction publique, aux fêtes universi-
taires de Lille, 1er juin 1895.)

« L'Université, c'est la vie en commun
des maîtres et des élèves : or quelle vie commune entre établissements éloignés les uns
des autres, inconnus les uns des autres? »

(*L'Enseignement supérieur en France,*
par M. LIARD, Directeur de l'Enseignement supérieur, II, 362.)

« Marseille deviendra peut-être un jour la
grande école de cette région méditerranéenne
où nous avons un empire et des clients
fidèles. »

(E. LAVISSE, *Revue Internationale de*
l'Enseignement, XII, 493.)

A la rentrée des Chambres, le projet ministériel
sur les Universités viendra en discussion : ce projet, dès maintenant, passionne à bon droit tous
les Marseillais soucieux de l'avenir intellectuel de
leur belle et grande cité ; car, la création des Universités une fois votée en principe, il s'agira de
déterminer quel nom, c'est-à-dire quel siège on

donnera à l'Université de Provence. Trois solutions se présentent ; dira-t-on : *Université d'Aix-Marseille*, ou *Université d'Aix*, ou *Université de Marseille ?* Ce sont ces trois solutions que nous nous proposons d'examiner tour à tour avec la plus grande impartialité, mais aussi avec la plus entière franchise ; car cette grave question ne doit pas seulement préoccuper la seconde ville de France, mais encore, comme nous espérons le montrer, la France elle-même et la démocratie, qui ont le plus sérieux intérêt à voir naître et se développer une grande Université dans notre admirable région méditerranéenne.

Mais avant de nous demander où doit être, pour le plus grand bien du pays, le foyer de l'Université provençale, nous devons indiquer brièvement ce qu'est une véritable Université.

Si nous comprenons bien, en effet, tout ce qu'il faut à une Université *quelconque* pour prospérer et grandir, nous n'aurons pas à chercher longtemps quel doit être le centre de *notre* Université; ce centre se désignera à nous et s'imposera de lui-même.

I

Qu'est-ce qu'une Université ?

C'est, on l'a dit bien des fois, la concentration de l'enseignement supérieur réalisée par le groupement des diverses Facultés ; c'est la communication incessante, la vie en commun des professeurs et, partant, des étudiants d'une même région, et cette pénétration des divers enseignements l'un par l'autre est absolument nécessaire à la recherche de la vérité et au progrès scientifique ; car, qu'est-ce, au fond, que la science enseignée dans les Facultés ? C'est l'explication que les professeurs donnent à leurs élèves, chacun dans sa sphère spéciale, d'une seule et même chose : le monde ; le monde, interprété, ici dans ses lois physiques par les professeurs de Sciences, là dans ses lois sociales ou morales par les professeurs de Droit ou de Lettres.

Mais, quoi que disent et quoi qu'enseignent dans

leurs chaires les professeurs de toutes les Facultés, c'est toujours le même objet qu'ils étudient, c'est l'univers qui est *un*, lui, parce qu'au fond l'univers n'est, comme on l'a dit, qu'un même phénomène indéfiniment diversifié ; cet unique objet, si les professeurs l'envisagent sous différents points de vue, c'est pour le mieux comprendre et pour le mieux faire comprendre à leurs auditeurs, et c'est aussi parce que l'intelligence individuelle est trop faible pour embrasser la totalité des choses, ou ce qu'on appelle l'*Univers*.

Mais, si un professeur doit renoncer à comprendre à lui seul et à embrasser dans ses leçons le monde en toutes ses manifestations à la fois, il lui est interdit d'ignorer complètement ce qu'on enseigne à côté de lui, non seulement dans sa Faculté, mais *dans les Facultés voisines,* et cela toujours pour cette même raison que la vérité, c'est-à-dire la science, est une, comme l'Univers qu'elle essaie d'interpréter ; et la preuve, c'est qu'un professeur sérieux ne peut pas creuser un seul sujet sans toucher à une foule de questions qu'enseignent ses collègues et qu'il doit connaître, tout au moins dans leurs grandes lignes, sous peine de se tromper lourdement et de n'aller jamais au fond de rien.

En vérité, on peut dire qu'il n'y a pas de gens qui soient, par devoir, aussi libre-échangistes que les professeurs de Faculté. Qu'on en juge par deux ou trois exemples pris, avons-nous besoin de le dire, entre mille autres tout aussi probants.

Voulez-vous, professeur de philosophie, étudier
l'intelligence ? il faut que vous commenciez par
étudier son organe, le cerveau ; il faut que vous
et vos élèves vous connaissiez le chemin de la
Faculté des Sciences ou de Médecine et c'est bien
pour cela que dans les Facultés des Lettres conve-
nablement organisées il y a toujours, à côté du
cours de philosophie, un cours de physiologie fait
par un professeur de médecine; tandis que, dans
les pays où les professeurs de lettres sont dans une
ville et les professeurs de médecine dans une
autre, les étudiants en philosophie sont condamnés à étudier l'intelligence sans connaître le cerveau, c'est-à-dire, ce qui est absurde, à étudier la
fonction sans connaître l'organe lui-même. Chez
nous, la fonction s'étudie à Aix et l'organe à Marseille ; c'est de l'enseignement en partie double.

Mais je prends un exemple plus simple encore
et tout littéraire : supposez que le professeur de
Littérature française étudie, je ne dis pas, pour les
besoins de ma cause, tel sujet très spécial, mais le
XVIIIe siècle tout entier : il rencontre, dès les premiers pas, Buffon, un naturaliste, Voltaire, l'in-
terprète et le chantre de Newton; comment par-
lera-t-il de l'un et de l'autre, comment saura-t-il,
même en gros, la valeur scientifique de leurs
œuvres, s'il ne peut tout au moins causer avec ses
collègues des Sciences, ici de l'Histoire naturelle
de Buffon, et là du système de Newton?

Au cours de ses leçons sur ce même XVIIIe siècle, ce même professeur de Littérature française sera bien obligé de s'occuper de *l'Encyclopédie*, puisque l'Encyclopédie, c'est le résumé et l'esprit même de tout notre XVIIIe siècle ; or l'Encyclopédie est précisément la fusion la plus complète qui ait jamais été tentée de l'esprit littéraire et de l'esprit scientifique ; l'Encyclopédie est plus encore : elle est le premier modèle et comme l'ébauche de ce que doit être une Université ; celle-ci n'est, en effet, que l'Encyclopédie réalisée, c'est-à-dire la science totale concentrée, non plus dans un Dictionnaire, et par une *assemblée de gens de lettres*, mais dans *un même lieu* et par un corps de professeurs.

Indispensable aux professeurs de Lettres (qui savent que la littérature n'est que l'expression de tous les faits, aussi bien du monde physique que du monde moral), ce contact journalier avec les Facultés des Sciences et de Médecine n'est pas moins nécessaire aux professeurs de Droit : car où veut-on, par exemple, qu'eux et leurs élèves se renseignent sur la médecine légale, sinon dans une Faculté de Médecine ?

Et ainsi, une Université est un véritable organisme ; c'est un corps, dont les différents membres ou Facultés se prêtent un mutuel et indispensable secours, de telle façon que, s'il manque à ce corps universitaire un seul de ses membres, je veux dire une seule de ses Facultés, vous n'avez plus qu'un corps mutilé et une science incomplète; partant, une Université boiteuse qui sera forcément la dernière de toutes dans la marche vers la science et dans la recherche de la vérité.

Il y a plus : une pareille Université sera incapable de préparer ses propres étudiants aux examens même qu'elle fait passer.

Une telle assertion a, nous en convenons, de quoi surprendre ; mais nous réservons de bien autres surprises à nos lecteurs, et tout ce que nous avancerons, si surprenant soit-il, nous ne le prouverons que trop. Pour ce qui concerne donc les examens, voici nos preuves ; nous n'allons pas les chercher bien loin, car nous les lisons en toutes lettres dans le *Bulletin de l'Instruction publique*, du 10 août 1895. A la page 189 et sous la rubrique *Faculté d'Aix*, on verra que les candidats à la licence ès-lettres, remaniée récemment par le Conseil supérieur de l'Instruction publique, pourront choisir désormais parmi les matières suivantes : à l'examen oral (avec mention *philosophie*) : *les mathématiques, la physique générale ou la chimie générale, la zoologie ou la botanique et la géologie.* A la licence historique figure aussi la *géologie.* Or, toutes ces sciences, chacun sait où elles s'enseignent et le *Bulletin*, très explicite, ajoute d'ailleurs entre parenthèses : *Faculté des Sciences.*

Que serait-ce maintenant si, parcourant ce
même Bulletin, nous jetions un simple coup
d'œil sur ce qui concerne Bordeaux ou Lille,
Lyon ou Toulouse, c'est-à-dire des villes d'Université, telles que serait la ville de Marseille. Que
de belles choses sauront à Lyon, par exemple, les
licenciés ès-lettres, dont les licenciés d'Aix n'auront jamais la moindre notion! Heureux les
jeunes Lyonnais qui, en Lettres, auront appris
l'*épigraphie*, la *paléographie*, et l'*histoire de l'art*; qui,
en philosophie, sauront ce que c'est que *la science
de l'éducation* et l'*histoire des sciences*; et qui enfin,
en histoire, pourront s'initier aux curiosités de
l'*égyptologie*, de l'*ethnologie* sans parler du *sanscrit*,
et, surtout, mais nous y reviendrons, sans parler
des *langues vivantes* pour lesquelles il existe une
licence spéciale, faite exprès, semble-t-il, pour les
grandes villes maritimes, — mais on ne la prépare
pas à Aix!

On le voit, et les yeux les plus prévenus, les
yeux les plus aixois du monde ne peuvent pas ne
pas le voir: pour la préparation même aux examens, la Faculté des Lettres d'Aix est la dernière
de France, étant la moins bien outillée, alors qu'à
Marseille elle serait, rien n'est plus certain, une
des premières.

Et si, l'on croit que la Faculté de Droit est
mieux partagée, qu'on observe seulement l'orga-

nisation des cours qui se poursuit en ce moment à Aix pour les nouveaux examens de Droit, et qu'on compare le nombre de ces cours à celui des cours affectés aux mêmes enseignements dans les grands et vrais centres universitaires, et l'on sera pleinement édifié.

Et maintenant, si nous avons montré, et très aisément, on l'a vu, que, dans une Université véritable, toutes les Facultés se prêtent un mutuel appui, *à la fois* pour faire avancer la science et pour préparer sérieusement aux examens, ce qui est précisément le double but qu'elles poursuivent, n'est-il pas superflu de démontrer, en outre, que cette pénétration de tous les enseignements les uns par les autres, que cet échange de services entre les Facultés les plus différentes, que cette vie scientifique commune, en un mot, ne peut s'allumer, pour ainsi dire, qu'à un même foyer, et qu'une Université, provençale ou autre, ne peut avoir *qu'un seul et même siège?* Et ainsi, l'expression *Université d'Aix-Marseille* est tout ce qu'on peut imaginer de plus contradictoire, puisque *Aix-Marseille* contredit et détruit *Université* et qu'une Université bicéphale ne saurait être autre chose qu'un monstre ridicule et mort-né.

Mais il y a, à ce rêve absurde d'une Université coupée en deux par une distance de 29 kilomètres, des objections d'un autre ordre et tout aussi invincibles, qui valent la peine d'être développées.

II

L'Université d'Aix-Marseille

Ce serait tout simplement le *statu quo* avec, en plus, une étiquette mensongère — car qui dit *Université* dit, on l'a vu de reste, concentration de toutes les Facultés dans une même ville, ou ne dit rien du tout. Montrons donc ce que vaut ce *statu quo* et montrons-le, non par des phrases ou des grossièretés de langage que nous laissons aux énergumènes, non pas même par des appréciations personnelles qu'on pourrait contester, mais par des chiffres et des statistiques qui ne se discutent pas.

A la Faculté de Droit, en 1894, sur 300 étudiants inscrits (et dans ce nombre sont compris 180 jeunes gens qui ne mettent les pieds à la Faculté que pour y passer leurs examens) on compte 100 Marseillais et 16 Aixois, dont 8 sont fils de fonctionnaires.

A la Faculté des Lettres, si on défalque huit maîtres répétiteurs du lycée et quatre boursiers (c'est-à-dire des étudiants qu'on aurait partout ailleurs), il reste *le contingent proprement aixois,* lequel se décompose ainsi : deux abbés (fournis encore par le *Petit Séminaire* et tous deux étrangers à la ville) et un rentier père de famille. — Voilà très exactement (et nous tenons les noms des étudiants à la disposition des sceptiques), ce que fournit aux deux Facultés de Droit et des Lettres, pour les faire croître et prospérer, la ville universitaire d'Aix-en-Provence. En réalité, il n'y a qu'une chose qui croisse et prospère à Aix, c'est l'herbe dans les rues ; cela ne suffit pas pour faire vivre deux Facultés.

Que l'on compare maintenant à ces chiffres dérisoires les cités universitaires de Lyon et Bordeaux, Toulouse et Lille. Bordeaux compte 2.000 étudiants, Toulouse 2.300 ; quant à Lille, la comparaison doit se faire, nous en prévenons les adversaires du transfert, non entre ce qu'était la Faculté de Droit à Douai et ce qu'elle est devenue à Lille, puisqu'il y a toujours eu à Lille une Faculté libre de Droit florissante et vraiment rivale de la Faculté de l'État, ce qui n'est pas du tout le cas à Marseille ; ici les 50 élèves de la Faculté libre passeraient tout de suite à la Faculté de l'État, sans que les professeurs libres aient, nous le savons, l'idée de s'en plaindre beaucoup. La comparaison doit donc s'établir *uniquement* sur ce qu'était à Douai la

Faculté des Lettres et sur ce qu'elle est devenue à Lille.

Or, cette comparaison a été faite par le doyen de la Faculté des Lettres de Lille dans son rapport officiel de 1895 et voici le résumé, rédigé par lui-même, de ce rapport ; il montre ce qu'a gagné, en cinq années seulement, la Faculté des Lettres à passer d'une petite ville endormie dans une ville riche et commerçante.

FACULTÉ DES LETTRES

A Douai (1879)	A Lille (1894)
5 chaires magistrales.	9 chaires magistrales
8 professeurs.	17 professeurs.
59 élèves.	279 élèves.
5 étudiants libres.	62 étudiants libres.

Tout commentaire affaiblirait l'éloquence d'une telle statistique ; aussi nous contenterons-nous d'ajouter que Marseille est une plus grande ville encore que Lille, qu'elle a exercé de tout temps à l'étranger une attraction que n'exerce pas Lille, et qu'enfin ce n'est pas seulement, ainsi qu'à Lille, la Faculté des Lettres, mais, pour la raison que nous avons donnée, la Faculté de Droit aussi bien que la Faculté des Lettres qui, mourantes dans un désert qu'elles ne parviennent pas à peupler, ressusciteront et, nous le montrerons plus loin en détail, contribueront à former la plus originale des Universités françaises.

On se figure aisément le plaisir que doivent
avoir les professeurs d'Aix à faire leurs cours à ces
légions d'étudiants ; mais ce qu'on ne saurait se
figurer, si on ne l'a pas vu soi-même, c'est l'animation qui règne dans les salles de cours. A la Faculté
des Lettres, les cours sont publics, comme chacun
sait ; il est donc permis au lecteur de vérifier les
chiffres que nous allons donner, puisque nous
avons vu l'appariteur inscrire le nombre des auditeurs à chaque cours. Nous avons donc compté, le
19 mars 1895, à un cours très intéressant, avons-
nous besoin de le dire ? (car la science et la
conscience des professeurs sont à la hauteur de
leur courage), 8 auditeurs ; le 21 janvier, à un cours
fait par un autre professeur, il y avait 3 personnes ; le 11 mai, à un autre cours, toujours public
et encore fait par un professeur différent, nous
étions 2 auditeurs, et enfin le 10 janvier, nous
n'avons pas entendu de leçon publique parce que
le professeur était allé se promener plutôt que de
parler dans une salle où il aurait été *seul* à écouter
la leçon.

Ce n'est pas que, de temps en temps, les Aixois
ne se souviennent qu'il y a quelque part, trop loin
du *Cours*, hélas ! du seul cours qu'ils fréquentent,
des gens qui disent parfois des choses intéressantes ; seulement leur goût pour l'éloquence de leurs
professeurs est très intermittent : ainsi, l'an dernier, les salles de cours se remplirent tout à coup

et pendant toute une semaine, l'on vit des gens du peuple assister bravement à des leçons sur la littérature grecque ou latine. C'est, il faut bien le dire, un Inspecteur général, M. Lavisse, dont la présence seule avait fait ce miracle. Malheureusement, M. Lavisse fut bientôt rappelé à Paris et les professeurs, un instant gâtés par le public, purent se convaincre, une fois de plus, que si les Aixois tiennent tant à eux, ce n'est pas pour les beaux yeux de leur éloquence.

Est-on suffisamment édifié sur la vie intellectuelle de l'Athènes du Midi et avons-nous besoin de soulever d'autres voiles? Avons-nous besoin de rappeler que le seul personnel enseignant de la Faculté des Lettres coûtant à l'État 70.000 fr., il n'y a nulle part d'élèves aussi chers que les *trois* élèves libres de la Faculté des Lettres d'Aix. Ajouterons-nous enfin que les étudiants eux-mêmes, par la force des choses et par suite de complications de service dont l'affiche seule peut donner une idée, sont parfois aussi rares aux conférences que les auditeurs aux cours dits publics et que, par exemple, telle conférence n'a pu avoir lieu, parce que, un professeur ayant déplacé sa leçon, son collègue n'a pu faire la sienne faute de l'élève (au singulier) dont il avait besoin pour parler.

En réalité, ce qui rend possibles certains cours de Droit comme certaines conférences de Lettres,

c'est la présence d'étudiants marseillais ; seulement qu'on juge si ces derniers ont bien mérité
de la science en venant, même de temps en temps,
(car on ne peut leur demander une assiduité absolue), assister aux leçons de leurs professeurs : les
étudiants en droit, de Marseille, doivent prendre le
train de 5 h. 40 du matin, même en hiver, pour
assister au cours de 8 heures ; ils ne peuvent être
de retour à Marseille qu'à 1 h. et demie ; car, il
faut plus d'une heure en *train express* pour aller
d'Aix à Marseille et il n'y a que deux express
par jour, inaccessibles tous deux aux étudiants
en Droit.

D'ailleurs les étudiants en Lettres marseillais
sont encore moins bien partagés ; car il faut, de
toute nécessité, qu'ils passent à Aix la journée
entière s'ils veulent suivre les deux leçons essen-
tielles qui préparent à la licence, ces leçons ne pou-
vant avoir lieu que deux fois par jour à cause des
maîtres répétiteurs du lycée dont on est obligé de
prendre les heures ; à d'autres heures, les élèves
feraient défaut. Certains étudiants marseillais pré-
parant une licence spéciale (historique ou philosophique), ne viennent à Aix que pour les leçons
d'histoire ou de philosophie et renoncent aux conférences de français, de grec et de latin, qui leur
sont pourtant indispensables ; seulement, pour
suivre ces conférences, ce qui leur manque souvent, ce n'est pas le zèle ; mais, il faut oser le dire

dans l'intérêt de tous, c'est l'argent : car il s'agit, pour eux, on l'a vu, non seulement de faire deux fois le chemin d'Aix à Marseille, mais encore de déjeûner à Aix ; ils se contentent donc d'assister aux conférences spéciales, soit d'histoire, soit de philosophie, sauf à échouer à l'examen pour les parties qu'ils ont dû préparer tout seuls.

Mais ils ont encore d'autres déboires : quand un professeur est subitement indisposé, ce qui arrive plusieurs fois dans l'année, ils s'en retournent à Marseille légers d'argent autant que de science, car ils ont fait deux voyages pour rien. Et c'est. tout le long du jour, entre Aix et Marseille, un va et vient d'étudiants, plus ou moins amusés, qui renouvellent en plein dix-neuvième siècle les écoliers voyageurs du moyen-âge pour le plus grand bien, non pas des études, mais des cafetiers et des hôteliers aixois.

Quant aux professeurs de Sciences marseillais, leur temps, qui sans doute n'est pas moins précieux que celui des étudiants, est gaspillé avec la même largesse à l'époque des examens ou aux jours de séance du Conseil général des Facultés. Beaucoup de ces professeurs sont connus par leurs travaux personnels et par les succès que leurs étudiants remportent à l'agrégation : recherches ingénieuses et leçons savantes, il faut tout quitter pendant deux grands mois et perdre des journées entières en voyages, pleins d'agrément, pour le baccalauréat désormais monopolisé à Aix. Les candidats sont innombrables, la chaleur accablante en juillet, surtout quand on se déplace; et quand, pour sa part, on a examiné consciencieusement jusqu'à quinze candidats en une après-midi, il faut attendre que les collègues aient fini leur besogne ; puis le jury délibère et les heures s'écoulent et on manque les trains qui vous auraient permis de rentrer au moins pour le dîner ; qu'on réfléchisse sérieusement à tous ces ennuis et à leurs conséquences inévitables, et qu'on ose prétendre que dans l'intérêt, je ne dis pas même des examinateurs, qui sont là pour se dévouer et qui se dévouent, mais dans l'intérêt des candidats eux-mêmes, il ne vaudrait pas mieux cent fois que tous les membres du jury habitassent la même ville ?

Aix pourtant rayonne au moment des examens et l'on assiste alors à ce curieux spectacle : tandis que les professeurs se traînent sur le Cours, exaspérés et exténués par ces écrasantes sessions (1.100 candidats en juillet), on voit sur ce même Cours les cafetiers affairés et joyeux et les hôteliers souriant sur le pas de leurs portes ; car, dans cette ville qui se dit universitaire, ce qui fait le malheur des professeurs fait le bonheur des indigènes ; et inversement, ce qui ferait le bonheur des professeurs, à savoir quelques boursiers, pour être sûrs au moins de trouver toujours à qui parler, ferait

sans doute l'infortune des Aixois, puisque ceux-ci
n'ont jamais donné un seul boursier à la Faculté :
c'est qu'au fond la Faculté des Lettres n'est pour la
ville d'Aix qu'une lucrative manufacture de bache-
liers dont l'État fait tous les frais.

III

L'Université d'Aix

— « Pourquoi pas l'Université de Gardanne ? »
a répliqué quelqu'un que nous aurons la discré-
tion de ne pas nommer.

Cette spirituelle boutade, et qui prouve qu'on
sait à quoi s'en tenir en haut lieu, avons-nous
besoin de la commenter ? Qui ne peut pas le moins
ne peut pas le plus et qui ne peut pas faire vivre
deux Facultés, comment ferait-il vivre une Université tout entière ? Aussi n'est-ce que pour la
symétrie de notre étude que nous avons inscrit
ici ce titre fallacieux : nous n'y resterons donc pas
autrement fidèle et, loin de nous attarder à rechercher si Aix a droit à une Université, nous allons
uniquement nous demander ce que valent, pour
garder ses Facultés expirantes, ce qu'Aix appelle
pompeusement ses *Droits acquis*.

Toute Faculté étant un établissement d'Etat,
puisque c'est l'Etat qui confère les grades, nomme
et paie les professeurs, on ne voit pas comment
et par quoi la ville d'Aix aurait pu acquérir des

droits sur ses Facultés. Est-ce peut-être par les sacrifices qu'elle aurait faits pour elles, sacrifices qui auraient permis à ses Facultés d'agrandir leurs locaux et de compléter leur enseignement ?

Voyons donc : la République, on le sait, a ouvert pour toutes les Facultés de France une ère nouvelle ; partout on a vu, grâce à la générosité des villes, les Facultés ajouter à leurs bâtiments anciens des salles nouvelles et à leurs anciens cours des cours nouveaux. Depuis ce temps, c'est-à-dire depuis vingt-cinq ans, qu'a fait Aix pour ses Facultés ?

Le taudis qui servait jadis de Faculté des Lettres est resté dans le même état lamentable ; nous en appelons à tous ceux qui l'ont visité.

A la Faculté de Droit, l'escalier qui conduit de la salle des cours à la bibliothèque universitaire menaçait de s'écrouler sous les pas des étudiants et des professeurs ; au lieu de le réparer, on a planté, il y a deux ans, du rez-de-chaussée au premier étage, une très grosse et très belle poutre : on peut l'y voir encore. Et tout le reste est à l'avenant. A la Bibliothèque universitaire, étudiants, professeurs et bibliothécaire s'entassent dans une même salle autour d'un unique poêle, et les livres eux-mêmes, malgré l'intelligence du bibliothécaire, s'entassent comme ils peuvent dans un espace trop étroit.

Quant à l'Enseignement, il y a eu, à la Faculté

des Lettres, création de deux chaires nouvelles :
seulement ces chaires ont été créées aux frais du
département et, par conséquent, pour les quatre
cinquièmes, *aux frais de Marseille* ; et d'ailleurs à
ces chaires spéciales conviendrait naturellement,
plus qu'à toutes les autres, l'écriteau suivant : « On
demande des élèves. »

Aussi l'enseignement est-il resté stationnaire :
c'est dire qu'il a décliné, car, en pareille matière,
qui n'avance pas recule et la preuve, c'est qu'aux
derniers examens pour les bourses de licence,
tandis qu'il se présentait jadis à Aix jusqu'à dix
candidats, il s'est présenté à la session de juillet
dernier..... *un* candidat. Ainsi les jeunes gens
refusent d'aller à Aix, même aux frais du Gouvernement !

Le bilan des dépenses faites pour l'enseignement
supérieur depuis 1870 se solde, rien que pour les
villes de Facultés, par une somme de 50 millions ;
la contribution d'Aix, dans ces 50 millions, est de
32.000 francs (employés à quoi ?) ; c'est de beaucoup la contribution la plus faible, car la ville qui
vient l'avant-dernière, Besançon, a contribué pour
200.000 francs ; Poitiers, pour 445.000 francs ;
Caen a donné un million ; Montpellier plus de
deux millions ; Lyon cinq millions et demi.

Et veut-on voir la conséquence de cette lésinerie
à l'égard des Facultés ? — M. le Directeur de l'Enseignement supérieur, montrant ce qu'il appelle

les « métamorphoses » des Facultés depuis 20
ans, les énumère *ville par ville* et il cite toutes
les villes de Facultés, toutes, moins *une seule*,
moins la ville d'Aix (1).

Voyez, en effet, ce progrès incessant et mer-
veilleux partout ailleurs qu'à Aix : à la Faculté des
Lettres de Lyon, il y avait, en 1870, 5 enseignements ; il y en a 25 en 1893. En 1870 il y avait,
dans toute la France 9.500 étudiants ; il y en a
aujourd'hui près de 30.000. Quelle figure font, à
côté de ces chiffres triomphants, les Facultés d'Aix
avec un personnel enseignant réduit à sa plus
simple expression et des élèves qui se sont réduits
eux-mêmes peu à peu au-delà de toute expression !
Actuellement, à l'Association des étudiants, ils
sont juste 40, comme à l'Académie : soit 39
étudiants en droit et *un* étudiant en lettres ; grâce
à ce dernier, l'Association a cru devoir prendre le
nom « d'Association générale des étudiants de
Provence » : oh ! ce Midi, *pas moins !*

Mais il y a, peut-être, pour justifier les *Droits
acquis*, à défaut des étudiants, pour lesquels la
petite ville d'Aix fut toujours assez grande, les
professeurs qui l'ont illustrée et dont la gloire
fait partie du « patrimoine inaliénable », comme
disent les Aixois. Eh bien ! interrogeons ces professeurs illustres et demandons-leur ce qu'ils ont

(1) Liard : *L'Enseign. supér. en France*, II, 368.

pensé de la ville même où ils ont professé avec
tant d'éclat. De tous les maîtres qui ont enseigné
à Aix, il n'en est pas, à coup sûr, qui aient fait
plus d'honneur à la minuscule cité que Prévost-
Paradol et J.-J. Weiss. Voici ce que pensait d'Aix
Prévost-Paradol :

Marseille est une ville admirable : il y a un certain
Prado, avec la Méditerranée au bout, où j'habiterais
aussi volontiers qu'aux Champs-Elysées. Mais Aix, Aix !

Et cependant c'était l'époque glorieuse des cours
publics, l'époque où de la Faculté des Lettres

> Le peuple « aixois » en foule inondait les portiques.
> Que les temps sont changés !...

Paradol n'avait fait que s'ennuyer ferme dans
une ville où il ne menait, disait-il, qu' « une
demi-existence » ; Weiss faillit y devenir enragé :

J'ai vu bien des villes (écrit-il à Paradol, à qui il
avait succédé dans la chaire de littérature française), je
n'en ai vu aucune à laquelle il soit aussi impossible de
se faire qu'à celle-ci. Dans ta maison de campagne, sur
le poirier où l'on m'a dit que tu aimais à percher, tu
n'étais, pour ainsi dire, pas à Aix. Rue Villeverte, n° 20,
voilà la véritable Aix et il n'y a que Mazas où l'on
puisse être plus tristement.

Le voisinage de Marseille n'est guère une conso-
lation. Il ravive chaque semaine mes douleurs. Quand
je reviens, le lundi matin, des allées de Meilhan, Aix
me fait le même effet que Titus à Bérénice :

> Je crois toujours la voir pour la première fois.

Mais ce n'est pas pour la même cause. Les Marseillais, pour me rendre courage, m'assurent qu'ils auront la Faculté d'ici à dix ans. D'ici dix ans, j'espère être ailleurs ! (1).

Dix ans, trente ans sont passés depuis que Weiss écrivait ces lignes et Marseille attend toujours ses Facultés. Pourquoi ? — Uniquement parce que Marseille ne les a jamais énergiquement demandées. Car il faut qu'on nous permette de parler une bonne fois avec la plus absolue franchise : quelle que soit l'activité dévorante de M. Leydet, député inamovible d'Aix et proconsul à vie du département des Bouches-du-Rhône, quelle que soit sa « légitime » influence auprès des ministres *contre* lesquels il a le bon esprit de voter en toute occasion, le jour où 400,000 Marseillais demanderont énergiquement, non pas un privilège, mais l'Université qui leur est due, oui, due indubitablement de par les idées que tout esprit éclairé se fait d'une Université, de par les discours prononcés sur la matière par tous les ministres qui se sont succédé à l'Instruction publique, le jour, disons-nous, où Marseille réclamera énergiquement et par l'organe de tous ses représentants à la fois, comme elle se décide enfin à le faire, une Université marseillaise, ce jour-là, je le demande.

(1) *Prévost-Paradol*, par O. Gréard, de l'Académie française. Hachette. 1894, p. 259, 265.

est-ce qu'un gouvernement qui est issu du suffrage universel pourra sacrifier le droit évident de 400,000 Marseillais intelligents et laborieux aux ridicules prétentions de 20,000 Aixois ?

Et il y a enfin, car nous ne voulons omettre aucun des « Droits acquis », il y a ceux que donne l' « hospitalité aixoise ».

Cette hospitalité, les journaux d'Aix la vantent beaucoup : on va voir par un seul exemple, mais il paraîtra suffisant, comment les gens d'Aix la pratiquent à l'égard de leurs professeurs ; car il importe que sur ce dernier point aussi le public soit pleinement édifié.

A la suite d'un vœu récent déposé en faveur du transfert par les membres du Conseil général des Facultés, un journal aixois (sans parler des autres), consacrait aux professeurs un grand article intitulé : « C'est cynique ! » et où on lisait ceci :

A bientôt, Messieurs les membres du Conseil général des Facultés. Vous serez contents de nous, car nous nous chargeons de rendre vos reins aussi souples que vos consciences (1).

Nous ne commentons pas.

Et que serait-ce si nous racontions en détail l'incroyable campagne menée par les journaux contre le doyen de la Faculté des Lettres au

(1) Le *Franc-Parleur* du 20 juin 1895.

moment des dernières élections pour le Conseil
général des Bouches-du-Rhône? Bornons-nous à
dire qu'après l'avoir gratifié des plus grossières
épithètes dans les journaux et les réunions pu-
bliques, on l'a provoqué deux fois en duel
en deux jours, et le public n'a jamais su pourquoi — lui non plus, du reste, si ce n'est qu'il
fallait assurer, même à ce prix, l'élection du conseiller général d'Aix (1).

L'on a prétendu, il est vrai, que la ville d'Aix
ne s'était point associée à ces attaques... violentes
contre d'honorables professeurs. Est-ce donc pour
cela que le directeur du FRANC-PARLEUR, candidat
« radical-socialiste » au Conseil général, a été élu
au premier tour de scrutin, grâce à l'appoint des
« conservateurs » aixois?

La vérité est qu'il y a pour les Aixois, qui n'ont
jamais bien su ce que c'est que l'Enseignement
supérieur, deux espèces très distinctes de professeurs : les bons, les « anti-transféristes » et les
mauvais, les « transféristes », contre lesquels tout
est permis. Ainsi, insulter gratuitement des
professeurs transféristes, provoquer en duel, sans
même l'ombre d'un prétexte, un doyen transfé-
riste, tout cela fait partie des « Droits acquis » de
l'hospitalière ville d'Aix.

Et ce dissentiment (ayons la courtoisie de

(1) Voir le *Franc-Parleur* du 1 juillet et le *National*, du 26
juin 1895.

l'appeler ainsi) entre Professeurs et Aixois ira s'aggravant sans cesse ; car, tant que leurs Facultés seront désertes, et elles le seront de plus en plus, tous les professeurs seront transféristes, tous, excepté seulement les professeurs qui sont Aixois d'origine ou d'adoption.

Mais, d'une part, tout le monde n'a pas le bonheur d'être né à Aix ; et, d'autre part, ayons la loyauté de le reconnaître, quels que soient le charme des Aixoises et l'hospitalité de leurs familles, la ville d'Aix n'a pas encore inscrit, parmi ses « Droits acquis, » le droit d'exiger que tout nouveau professeur célibataire s'engage, avant d'être titularisé, à épouser une Aixoise ; et pourtant c'est là l'unique moyen de lui faire épouser en même temps les intérêts sacrés des hôteliers aixois.

Voyons donc, une fois pour toutes, ce que pense de ces droits si mystérieux et si mystérieusement « acquis », non certes la ville d'Aix, dont ils sont le palladium inviolable, mais, ce qui importe davantage, le Gouvernement lui-même.

Il y avait, en 1888, une petite ville qui se retranchait, comme Aix, derrière ses *droits acquis* et les opposait aussi imperturbablement qu'Aix aux partisans du transfert des Facultés de Droit et des Lettres dans un vrai centre universitaire. Et le ministre de l'Instruction publique répondait :

« Je ne puis pas reconnaître que Douai a un droit absolu devant lequel je dois m'incliner. » (Séance du Sénat, 19 novembre 1888).

Et, plus explicite encore, le rapporteur de la Commission sénatoriale, qui n'était autre que M. Berthelot, s'exprimait en ces termes précis que nous recommandons aux méditations des Aixois :

« En droit strict, Douai n'a rien à réclamer. Les Facultés sont des institutions d'Etat et non les propriétés des villes où elles sont établies. Le Gouvernement reste le maître de fixer leur résidence là où il le juge bon *dans un intérêt supérieur à toutes les considérations locales* ».

Et, conséquemment à ces déclarations, aussi justes que catégoriques, le Ministre d'alors, M. Spuller, ne s'inspirant disait-il lui-même, que « de la bonne administration de l'enseignement public et des avantages que l'on en doit attendre pour la haute culture dans notre pays », transférait les Facultés de Droit et des Lettres, de Douai. où elles se mouraient malgré les droits acquis, à Lille, où un autre Ministre a célébré naguère leur résurrection et leur étonnante prospérité.

S'inspirant des mêmes principes et des mêmes besoins, l'Etat qui a fondé à Aix, en 1815, une Faculté de Droit et en 1846 une Faculté des Lettres, lesquelles sont restées sa propriété, les transportera en 1895, l'une et l'autre. en bon propriétaire, dans la seule ville où à cette heure elles puissent vivre et prospérer.

Que les amis d'Aix se rassurent, du reste; que M. le Ministre lui-même ne croie pas devoir s'apitoyer outre mesure sur l'infortune de cette petite ville que nous voulons, c'est encore le mot consacré, cruellement *dépouiller*. Ce que nous voulons, tout au contraire, c'est qu'on transporte ailleurs une des nombreuses dépouilles opimes qu'Aix a su prélever sur la fortune publique et dont l'énumération est des plus réconfortantes pour ceux qui s'intéressent à la ville d'Aix.

Cette énumération, la voici sans commentaires : elle se suffit à elle-même et elle suffirait, on va le voir, à l'appétit de bien des villes autrement considérables que la ville d'Aix.

La ville d'Aix a su acquérir successivement les avantages ci-après :

1. Faculté de Droit.
2. Faculté des Lettres.
3. Académie.
4. Archevêché.
5. Séminaire.
6. Sous-Préfecture.
7. Cour d'appel.
8. Cour d'assises.
9. Tribunal.
10. Prisons.

11. Lycée de garçons.

12. Cours secondaire de jeunes filles.

13. Ecole Normale d'Instituteurs.

14. Ecole Normale d'Institutrices.

15. Examens du Brevet élémentaire *(malgré la loi)*.

16. Examens du Brevet supérieur *(malgré la loi)*.

17. Ecole nationale de musique.

18. Conservation et Inspection des forêts.

19. Ecole des Arts et Métiers *(trois en France)*.

20. Asile d'aliénés.

21. Garnison d'infanterie.

22. Fabrique d'allumettes.

23. Marché aux bestiaux.

— Voilà tous les avantages, faits par l'Etat à sa petite ville, et dont un Aixois peut tirer vanité... et profit : le pauvre homme!

Eh bien! que la ville d'Aix garde tout ce qu'elle a, qu'elle garde même son marché aux bestiaux, ne serait-ce que pour mériter qu'on applique tout entier à ses tranquilles solitudes le beau vers de Virgile :

Mugitusque boum, mollesque sub arbore somni ;

qu'elle garde tout, oui, *tout ce qui peut vivre chez elle*, mais qu'elle laisse partir ses Facultés, qui coûtent à l'Etat cent fois plus qu'elles ne lui

rapportent à elle-même ; et, tandis qu'il en est
temps encore. tandis qu'en haut lieu on croit
encore ou qu'on fait semblant de croire à ses
Facultés, qu'elle demande elle-même à les échan-
ger contre de bons régiments qui pourront vivre
chez elle aussi bien que partout ailleurs et dont la
présence à Aix ne sera plus, comme est à cette
heure celle des Facultés, un pur gaspillage des
deniers publics et, le mot est dur mais juste, un
vrai scandale : car, encore une fois, qu'on mette à
Aix, et non à Marseille, une école normale ou un
régiment, il n'y aura pas un instituteur ni un
soldat de moins au contrôle ; mais que la Faculté
des Lettres soit à Marseille au lieu d'être à Aix et
elle aura cent étudiants au lieu de trois.

N'est-il donc pas, nous le demandons sérieusement, coupable et anti-patriotique de la part d'une
ville, d'exiger qu'on maintienne chez elle une
institution d'utilité *régionale* et même *nationale*
qui, à cause seulement de cette ville, périclite et
meurt d'anémie ?

Que la ville d'Aix demande donc cela seul
qu'elle pourra conserver sans nuire à l'intérêt
public : c'est le meilleur conseil qu'on lui puisse
donner. Si, au contraire, elle s'attache et s'accro-
che quand même à ses Facultés, elle laissera
imprudemment passer l'heure des compromis
habiles. et le temps est très proche où elle n'aura
plus même un prétexte pour demander à l'État

une compensation qui la dédommage de ses étudiants disparus et de ses professeurs désœuvrés.

A tous ces arguments sans réplique, les hôteliers
aixois répondent par un seul mot qui est devenu,
dans ces derniers temps, leur plat de résistance :
« Nous sommes pour la *Décentralisation !* »

— Eh bien, nous aussi ; et, sans même avoir
le mauvais goût d'insister sur les 23 institutions
d'Etat que les Aixois se sont résignés à centrali-
ser dans leur ville, nous allons décentraliser
l'Enseignement supérieur dans le département
des Bouches-du-Rhône ; pour être équitables.
nous donnerons donc la Faculté des sciences à
La Ciotat (ne serait-ce que pour la récompenser
de son vote patriotique du 11 septembre) et
l'Ecole de médecine à Miramas, Marseille ayant
bien assez de tout ce qu'elle a par ailleurs ; et Aix
elle-même va s'empresser de céder la Faculté de
droit à Salon, la ville-sœur, car n'est-ce pas, je le
demande, une centralisation excessive et blâma-
ble que de donner à une seule ville une Faculté
de droit et une Cour d'appel en même temps ?

Voilà pourtant, et nous le disons sans rire,
l'Université rêvée, non pas certes par les Aixois
(ils ne sont pas décentralisateurs pour les autres).
mais rêvée par le Conseil général des Bouches-
du-Rhône, puisqu'il s'obstine à considérer une
Université comme une proie qu'on partage.

Décentraliser une Université ! mais c'est, sous

prétexte qu'une Université a quatre Facultés, c'est
disperser le cœur d'un homme dans ses quatre
membres et l'on n'a plus alors qu'un cadavre.
Eh bien ! qu'importe encore ! on dépècera le cadavre ; car. l'essentiel, suivant un mot que les
défenseurs d'Aix trouvent pittoresque. l'essentiel,
c'est que chacun ait « un os à ronger. »

Nous avons examiné les arguments des Aixois :
ils concluent tous à la ruine des Facultés de
Droit et des Lettres. Examinons maintenant les
arguments des Marseillais.

IV

L'Université de Marseille

I. — LES DROITS DE MARSEILLE

Ce sont les droits indéniables d'une grande ville commerçante, qui compte près de 500.000 âmes, qui possède déjà les deux enseignements les plus coûteux, les Sciences et la Médecine, et qui offre aux deux Facultés expirantes de Droit et des Lettres ce que la petite ville d'Aix n'a jamais pu leur donner : des élèves et de l'argent.

Et qu'on ne vienne pas nous dire que l'on travaille mieux dans une petite ville, fermée à tous les bruits du dehors comme par les quatre murs d'un cimetière, que dans une grande cité où tout respire le travail et où l'horizon s'ouvre sur les pays du monde entier. « C'est un fait. d'expérience, a dit un des esprits les plus judicieux dont s'honore l'Université. qu'on travaille généralement plus dans les grandes villes que dans les petites » (1). Que peut-on faire à Aix

(1) Michel Bréal, *Revue Internationale de l'enseignement*, XIII, 411.

à moins que l'on n'y dorme ? Le jour, et
il ne saurait tarder, où étudiants et professeurs
émigreront d'Aix à Marseille, ils renaîtront à la
vie, comme ce poète du xviiie siècle qui, après
avoir promené son ennui sur le cours Mirabeau
où les Aixois, dit-il,

> De nouvelles incertaines,
> Vont amuser *leur repos*,

se sent transporté lorsqu'il voit le port de Marseille, et lui, le poète médiocre, que Voltaire
aimait à *courre* tous les matins pour se rafraîchir
le sang, inspiré par l'animation de cette ville
cosmopolite, il écrit les deux seuls beaux vers
peut-être qu'il ait faits de sa vie :

> Là, tout esprit qui veut s'instruire,
> Prend de nouvelles notions ;
> D'un coup d'œil on voit, on admire,
> Sous ce millier de pavillons,
> Royaume, république, empire,
> Et l'on dirait qu'on y respire
> L'air de toutes les nations (1).

Cet air-là, vraiment inspirateur, surtout pour
des jeunes gens, allez donc le chercher dans une
ville qui sent le renfermé ! — mais revenons à
Marseille, c'est-à-dire à ce qui est vivant et vivi-
fiant à la fois et, en même temps que ses droits,

(1) Le Franc de Pompignan, *Voyage de Languedoc et de Provence.*

montrons le splendide avenir qui est assuré à son Université.

A qui voudrait contester à Marseille ses titres à une Université, Marseille pourrait répondre comme cet autre qu'on chicanait sur ses titres de noblesse : « J'en ai reçu quittance ! » On en jugera par le tableau comparatif ci-après :

Subventions annuelles
accordées à l'Enseignement supérieur

Ville de Marseille		Ville d'Aix	
	Fr.		Fr.
École de Médecine,	162.842 50	Cours de Notariat.	750 —
Laboratoire de bactériologie	4.000 —	Droit Maritime.....	750 —
Cours de Lettres et de Droit à la Faculté des Sciences	9.000 —		
Conférence de provençal............	600 —		
Chaire de physique industrielle.......	3.000 —		
Bourses à la Faculté des Sciences......	3.000 —		
Station de zoologie marit. d'Endoume...........	2.000 —		
Observatoire de Longchamp......	15.000 —		
Annales de la Faculté des Sciences	2.000 —		
École d'Ingénieurs.	16.000 —		
Total.....	217.442 50	Total.....	1.500 —

Ainsi, si l'on compare les sacrifices faits des deux parts pour mériter une Université, les droits de Marseille sont aux droits d'Aix très exactement ce que 217.442 sont à 1.500.

Mais laissons là les droits de Marseille : ils sont aussi clairs que le soleil qui lui sur sa Cannebière et montrons simplement ce que sera un jour son Université.

2. — LA FACULTÉ DE DROIT A MARSEILLE

Les premiers qui la salueront avec enthousiasme, sont les *cent* jeunes Marseillais déjà inscrits à la Faculté d'Aix : au lieu d'aller au cours de loin en loin, quand le temps est beau et qu'ils ont assez dormi (que la Faculté leur pardonne ! il faut qu'ils se lèvent à 5 heures du matin pour se précipiter à la gare, et ils sont à l'âge où dormir est doux et parfois nécessaire), ils pourront suivre régulièrement ou à peu près des cours qu'ils paient et leurs examens n'en seront pas plus mauvais. Et l'on pourra bien vite ajouter aux étudiants déjà inscrits les jeunes gens, également marseillais, et nous en connaissons plus d'un, que leur famille envoie faire leur droit à Paris pour les soustraire à l'énervement de ces fastidieux voyages quotidiens entre Aix et Marseille.

Les salles de cours se peupleront alors comme par enchantement ; car, s'il y a 600 étudiants en droit à Bordeaux, qui est une ville de 250.000 habitants, est-il téméraire de penser que Marseille, avec ses 450.000 âmes, en fournira au moins autant ? Les Marseillais, en effet, savent parfaitement combien il est utile à un *négociant* d'avoir fait son droit ; ils savent parfaitement que d'avoir suivi, par exemple, des cours de Droit commercial et de Droit maritime, de Législation industrielle ou de Législation des entreprises et travaux publics, cela n'en fait pas moins bien vendre du savon et des laines, ni moins bien conduire de vastes entreprises commerciales et maritimes.

Et, à leur tour, croit-on que les Professeurs de Droit eux-mêmes, ceux-là, par exemple, qui enseignent le Droit commercial, le Droit maritime ou l'Economie politique, n'auraient rien à apprendre des grands directeurs d'usines, des négociants et des armateurs intelligents, comme il s'en trouve tant à Marseille ? Ils pourraient, dans tous les cas, professeurs et élèves, les premiers, préciser des notions déjà acquises ; les seconds, acquérir des connaissances nouvelles, extrêmement intéressantes et, j'ajoute, utiles pour les nouveaux examens, en fréquentant, les premiers, leurs collègues et les seconds, les cours de l'Ecole de Médecine, car c'est là seulement qu'on s'initie aux difficultés de la médecine légale et aux finesses des études médico-psychologiques.

Mais la pénétration des enseignements ne se ferait pas seulement d'une Faculté à l'autre; il y a, à Marseille, une école de l'Etat pour laquelle le voisinage de la Faculté de Droit serait infiniment précieux : c'est l'Ecole supérieure de Commerce. Cette école est des plus prospères, puisque, dans la dernière répartition des bourses de l'Etat, elle a obtenu quatre bourses pour sa part, alors que les écoles similaires de Bordeaux, Lyon et Lille n'en obtenaient que deux. Or, on enseigne, à cette Ecole, la législation commerciale, maritime et industrielle, l'économie politique et bien d'autres choses encore qui touchent au Droit ou même aux Lettres. Et, sans doute, les professeurs de l'Ecole qui enseignent de telles matières sont très justement estimés à Marseille pour leur savoir et leur habileté pédagogique; mais ne seraient-ils pas les premiers à reconnaître qu'il leur serait très profitable à eux, et, par voie de conséquence, à leurs élèves, d'être en contact journalier avec les maîtres mêmes de la science juridique ?

Et quant à leurs élèves, ceux qui, ayant obtenu leur diplôme, et ils étaient 35 dans ce cas cette année, sont « autorisés à concourir pour les carrières diplomatique et consulaire », et ceux qui veulent entrer, forts des droits que confère ce même diplôme, dans les consulats ou dans les bureaux de l'Administration du commerce et de l'industrie, voit-on quels profits ils retireraient, pour leur avenir, des cours professés, à la Faculté de Droit, sur le Droit international public (exigé pour les Consulats) ou sur la Législation industrielle et coloniale ? l'École de Commerce en serait transformée.

Marseille compte, à son honneur, un très grand nombre de sociétés bienfaisantes : les unes pour la Protection de l'enfance, les autres pour le Patronage des libérés, d'autres enfin pour l'Assistance par le travail, pour la suppression du vagabondage et de la mendicité. Avec quel entrain des professeurs de Droit feraient aux membres de ces sociétés un cours de science pénitentiaire et pourraient-ils souhaiter des auditeurs plus intéressants, plus « excitants » que ceux-là ?

Mais il y a plus : pour une autre raison, et plus sérieuse encore que toutes les précédentes, Marseille ne peut pas être plus longtemps frustrée de sa Faculté de Droit. Et ici, de peur d'affaiblir l'argument en le présentant nous-même, nous laissons la parole au plus autorisé des avocats, à un négociant qui est en même temps député de Marseille, à M. Jules-Charles Roux, lequel a prononcé récemment, au Conseil général des Bouches-du-Rhône, ces graves paroles qui traduisent à merveille les trop justes réclamations des négociants marseillais :

« La question des Facultés n'est pas pour nous une question de gloriole. C'est un besoin urgent et impé-

rieux au contraire, puisqu'il est devenu évident aujour-
d'hui, après la dénonciation des traités-commerciaux,
que ce serait une utopie de ne vouloir conserver à notre
ville que son caractère commercial, industriel et maritime. Il m'est impossible de ne pas reconnaître que
Marseille s'appauvrit de jour en jour, et à un point tel
que nous avons besoin de recourir à d'autres moyens
pour conserver notre prospérité. Voilà ce que M. le
Préfet devrait dire aux pouvoirs publics. »

Les carrières, en effet, qu'ouvre le Droit sont
innombrables; combien de fils de négociants
marseillais, pour les raisons mêmes invoquées par
M. Jules-Charles Roux, seraient heureux de voir
enfin s'ouvrir devant eux ces carrières honorables
qui jusqu'ici leur ont été injustement fermées ou
rendues si difficiles que la plupart d'entr'eux sont
obligés d'y renoncer. — Et à ces nouvelles et très
nombreuses recrues, il faut ajouter encore les
candidats au Commissariat de la marine et les
candidats, — combien n'y en aurait-il pas dans
une garnison comme celle de Marseille ? — à
l'Intendance militaire, lesquels doivent préalable-
ment, les uns et les autres, être licenciés en droit.
On n'assistera plus alors à ce steeple-chase d'un
nouveau genre et d'un goût douteux, entre Aix
et Montpellier, à cette course aux dispenses d'assiduité, lesquelles font figurer, sur les registres,
des étudiants purement fictifs : car, si on s'arrache
les dispenses d'inscriptions, on se dispense avec

ensemble de suivre les cours et c'est seulement
sur le papier-que la Faculté de Droit d'Aix est la
sixième de France : à Marseille, elle serait une des
premières *dans la réalité*.

Voyez-vous, en effet, affluer vers Marseille
tous ces étudiants en droit de Toulon, d'Avignon
ou de Nice, que la peur d'Aix et de ses rues
herbeuses fait fuir jusqu'à Paris ? Paris, à sa
grande joie, en serait dégagé d'autant, et l'on
opposerait alors à la capitale, non pas cet émiette-
ment déplorable que les Aixois font semblant de
confondre avec la décentralisation et qui n'est que
la déperdition de nos forces, mais bien, comme
l'ont souhaité tous les ministres de l'instruction
publique depuis vingt ans, un grand centre
d'attraction, vrai foyer d'activité et de lumière qui
rayonnerait sur toute la Provence.

Il rayonnerait, comme le commerce marseillais,
bien plus loin que la Provence et que la France
même : sur tous les pays de l'Orient. Mais de peur
qu'on nous accuse ici de bâtir en l'air je ne sais
quel vague conte oriental, nous allons préciser ce
qui sera un jour comme la parure et l'originalité
même de l'Université marseillaise : nous voulons
parler de sa clientèle étrangère.

Pour les peuples de l'Orient, la France, c'est
Marseille ; et Marseille n'en est-elle pas pour eux
la porte magnifique, elle que Lamartine appelait
d'un mot aussi juste que pittoresque : « le quai de

l'Europe? » C'est vers Marseille, comme vers leur centre naturel, qu'on verrait accourir les étudiants de la Turquie d'Europe et d'Asie, de la Grèce, de la Roumanie, de la Serbie, de la Bulgarie et même de l'Egypte.

Jadis un assez grand nombre de ces étudiants étrangers venaient à Aix : ils s'y font de plus en plus rares malgré les vaillants efforts d'un Comité de patronage organisé par des professeurs d'Aix.

Pourquoi donc ne viennent-ils plus à Aix ?

Demandez-le à quelqu'un de ces étudiants fraîchement débarqués d'Alexandrie ou de Constantinople et voyez leur ahurissement dès qu'ils mettent les pieds dans les rues d'Aix; ils n'ont qu'un cri et nous le certifions authentique : *c'est cela, la France !*

Et, à leur retour chez eux, ils renseignent leurs camarades et ceux-ci vont ailleurs, partout ailleurs qu'à Aix; voyez les statistiques! Les uns se dirigent sur Paris, qui n'en a que faire. D'autres s'arrêtent à Montpellier.

Pourquoi ne s'arrêtent-ils pas à Marseille? c'est qu'il y a à Montpellier une Faculté de Droit qui est sous la haute protection de la ville d'Aix ; car il faut oser le dire, puisque c'est la vérité : Aix, en faisant alliance avec Montpellier, a achevé de tuer sa Faculté de Droit.

Mais Montpellier, du moins, est en France; or il en est qui vont hors de France, à Vienne et à

Naples (médecine) et il en est enfin, les Bulgares,
si nombreux jadis à Aix, qui depuis l'an dernier
vont... à Berlin. L'argument est cruel, nous en
convenons, et nous ne voulons pas en abuser ;
par malheur, il n'est que cruellement vrai.

Qui nous contredira maintenant si nous affir-
mons que la plupart de ces étudiants seraient heureux de venir à Marseille ? les Grecs y seraient chez
eux : dans les rues ils trouveraient leurs temples
et, parmi les citoyens les plus justement honorés
de la cité, leurs compatriotes.

Et qu'y aurait-il de plus naturel, pour la jeune
Université marseillaise, que de se mettre en relations, d'une part, avec l'Université d'Athènes et,
d'autre part, avec les jésuites de Beyrouth ? Ceux-
ci ne demanderaient pas mieux, cela n'est pas
douteux, que d'envoyer leurs élèves achever leurs
études à Marseille. Quant à Athènes, on offrirait
des bourses aux étudiants sortis de son Université, en demandant à celle-ci de détourner sur
Marseille une partie au moins des étudiants qu'elle
envoie actuellement à Munich et à Berlin.

Les résultats de cette excellente alliance universitaire se feraient rapidement sentir jusqu'à
Smyrne et Constantinople.

L'on fonderait, *comme l'on a fait ailleurs*, un
Collège oriental où, moyennant rétribution, les
étudiants étrangers seraient logés et nourris; et,
quoique jouissant de la liberté qui doit être

laissée à tout étudiant, il y aurait cependant entre ceux-ci et leurs familles, un correspondant et un intermédiaire précieux : ce serait le Collège.

Enfin, et cette remarque a pour une ville commerçante une importance capitale, ces étudiants étrangers, qui seraient restés trois ou même cinq ans à Marseille, une fois rentrés chez eux, contribueraient tout naturellement à entretenir des relations commerciales avec la ville où ils auraient laissé de nombreux amis.

Les Allemands, eux, savent toutes ces choses, et si, en gens aussi pratiques que savants, ils fondent à grands frais des Universités très prospères, soyez bien sûrs que, comme dit l'autre, « le commerce et les arts y trouvent bénéfice. » Seulement ces bénéfices, à la fois scientifiques et commerciaux, se font *aux dépens de la science et du commerce français :* graves raisons pour qu'on s'empresse de créer à Marseille une attrayante et puissante Université et pour qu'on abolisse enfin un protectionnisme universitaire qui a trop duré : car, joint au protectionnisme commercial, il est admirablement fait, sans sauver Aix, pour achever de ruiner Marseille.

Qu'on transfère donc, avec la Faculté de Droit qui est à Aix, les étudiants en droit qui sont partout, excepté à Aix, et Marseille aura enfin « cette grande école de la région méditerranéenne » que lui prédisait M. Lavisse, et Mar-

4

seille sera, à bref délai, ce que la nature et son
activité à la fois l'ont prédestinée à devenir infail-
liblement, la première Université internationale
de France.

3. — LA FACULTÉ DES LETTRES A MARSEILLE

Ce serait, pour Marseille, un rajeunissement
littéraire et, pour la Faculté, ce serait la résurrection. Nous allons le montrer. Tandis qu'à Aix,
aux *Cours publics*, le nombre des banquettes est
sensiblement plus considérable que celui des
auditeurs, à Marseille, dès maintenant, quand les
Professeurs de Lettres vont répéter leur cours à la
Faculté des Sciences, l'amphithéâtre est souvent
plein et il contient 500 personnes ! Quand Marseille aura une Université dont elle sera fière,
quand les professeurs eux-mêmes se feront des
amis dans une ville où ils passent aujourd'hui
tout juste le temps qui s'écoule entre deux trains,
il n'est pas douteux que le nombre de leurs auditeurs en sera subitement accru et plus que jamais
alors les cours mériteront d'être dits *publics*, ce
qu'ils ne sont à Aix que virtuellement.

Mais, plus que les cours publics, ce qui inté-
resse et passionne à bon droit un vrai professeur,
ce sont les *conférences*, c'est le contact journalier
avec les étudiants. Faire des élèves, et nous n'en-

tendons pas seulement, par là, faire de futurs
professeurs, mais rechercher librement, avec de
jeunes esprits, ouverts à toutes les curiosités,
préoccupés plus encore du vrai et du beau que de
leurs examens, et rechercher cela aussi qui ne fait
pas partie des programmes, mais qui fait partie
tout de même de la science et de la réalité, étudier,
en un mot, des questions historique sou littéraires.
avec méthode, cela va sans dire, mais les étudier
pour elles-mêmes et uniquement parce qu'elles
sont intéressantes et belles, c'est là le rêve de tout
professeur de Faculté et ce rêve. parfaitement chi-
mérique dans une Faculté dont le but unique est de
conduire à la licence des maîtres-répétiteurs. ce
beau rêve deviendrait aisément à Marseille une
réalité.

Un maître-répétiteur, en effet, ne poursuit la
licence qu'en vue du professorat et il est de toute
justice qu'il puisse acquérir à la Faculté toute la
somme de connaissances, même scolaires, qu'on
est en droit d'attendre d'un professeur.

Tout autrement libre et, disons le mot. tout
autrement élevée est la préparation à la licence
d'un jeune homme qui ne demande à la Faculté
que le couronnement de ses études classiques.

Or, et c'est là que nous voulions en venir. la
récente organisation des diverses licences ès-lettres donne pleine satisfaction à la légitime curio-
sité des jeunes gens qui aspirent à être licenciés,

non pas pour conquérir le droit d'enseigner, mais tout simplement pour être un peu plus instruits, c'est-à-dire pour avoir de nouvelles raisons de s'intéresser aux choses et de nouveaux moyens d'embellir leur vie.

Ces licences ès-lettres réorganisées, que certains ont nommées la licence des gens du monde, nous exhortons les Marseillais à s'en emparer ; la ville de Marseille ne pourra que gagner à avoir des commerçants plus instruits et ces commerçants eux-mêmes ne pourront que se féliciter, pour deux excellentes raisons, d'avoir préparé l'une quelconque des nouvelles licences ès-lettres (littéraire, historique, philosophique et des langues vivantes).

La première raison, et qui saute trop aux yeux pour que nous y insistions, c'est que la culture d'esprit n'a jamais gêné personne, pas même des négociants ; et la seconde raison, celle-là très pratique, c'est que la licence ès-lettres, qui peut se préparer *en deux ans*, donne le droit de ne faire *qu'un an de service militaire.* Ce droit là n'est pas douteux, puisqu'il est inscrit dans la loi ; mais ce qui paraît peut-être douteux au premier abord, c'est qu'on puisse, en deux ans, parvenir à la licence ès-lettres. Rien n'est plus certain cependant et la meilleure preuve que nous en puissions fournir est la suivante : à la dernière session de licence ès-lettres, l'étudiant qui a été reçu le premier, et

reçu avec mention, n'avait suivi que deux ans
les cours de la Faculté ; c'est le fils d'un honorable
négociant marseillais dont nous tairons le nom,
mais ce nom a été donné par tous les journaux de
Marseille qui s'occupent de la Faculté.

Et qu'on ne nous objecte pas qu'il est anti-
patriotique de prêcher à des jeunes gens une
licence qui confère le privilège que nous avons
dit. Nous répondrions simplement que la France
a aussi besoin de soldats instruits, car un soldat
instruit vaut plusieurs soldats ignorants. Au
surplus, il ne s'agit pas ici d'un privilège inique,
comme celui que donnait jadis la fortune ; il
s'agit d'un privilège autrement noble et légitime,
qui s'acquiert par le travail et qui d'ailleurs est à
la portée de tous.

Mais, parmi les nouvelles licences ès-lettres, il
en est une qui s'acclimatera merveilleusement
dans une ville commerçante et maritime, telle
qu'est Marseille : c'est la *Licence des langues vivantes*.
Compléter le bagage, souvent un peu mince,
d'allemand ou d'anglais, d'espagnol ou d'italien,
qu'on emporte du lycée et, du même coup, se
faire recevoir licencié, n'est-ce pas là, je le demande,
pour de futurs négociants, une excellente occupa-
tion — et une bonne affaire, par dessus le marché ?
car ce n'est pas, ce me semble, à des gens qui
sont en relations avec le monde entier qu'il est
besoin de démontrer, même pour leur commerce,
l'utilité des langues-vivantes.

On voit déjà pour quels motifs sérieux et pressants Marseille réclame, et a le droit de réclamer énergiquement, comme le font à cette heure tous les négociants éclairés, le transfert de la Faculté des Lettres.

Mais ce transfert est, en outre, la conséquence nécessaire, et trop longtemps retardée, pour le plus grand dommage des études, de la prospérité même du Lycée de Marseille. Voici, en effet, un des premiers Lycées de France, qui compte 1500 élèves et où l'on ne peut préparer qu'aux écoles *scientifiques* du gouvernement. Pourquoi cela ? parce qu'il n'y a, à Marseille, qu'une Faculté des Sciences et que, d'ailleurs, pour assurer à la Faculté des Lettres d'Aix, qui sans cela fermerait ses portes, des élèves parmi les maîtres-répétiteurs de Lycée, tous les répétiteurs littéraires sont envoyés au Lycée d'Aix, tandis que sur 38 répétiteurs du Lycée de Marseille, il n'y a, et c'est tant pis pour les devoirs des pensionnaires, des demi-pensionnaires et des externes surveillés, que deux licenciés ès-lettres.

Aussi les sciences, il en faut convenir, sont-elles très bien enseignées au Lycée de Marseille ; mais, sans faire le moindre tort à celles-ci, les lettres, qui n'ont pas de moins bons professeurs, ne pourraient-elles y être cultivées avec un égal succès ?

L'anthropologie n'a pas démontré, que je sache,

que tous les Marseillais naissaient avec la bosse des mathématiques. Ils passent généralement pour avoir beaucoup de vivacité d'esprit et beaucoup d'imagination et ces deux qualités passent elles-mêmes pour être des qualités éminemment littéraires. La vérité est qu'un Lycée qui peut s'enorgueillir, d'une part, d'avoir eu, cette année même, 10 nominations au Concours général, et, d'autre part, d'avoir formé des élèves (et nous citons pêle-mêle, au hasard de la plume) tels que Autran, Brunetière, Méry, Gozlan et Thiers, est une admirable pépinière pour fournir les meilleurs sujets et faire le plus grand honneur à une Faculté des Lettres.

Ainsi, la Faculté a besoin du Lycée pour se régénérer et pour vivre, et le Lycée a besoin de la Faculté pour permettre à tous ses élèves, sans exception, de suivre les carrières, quelles qu'elles soient, où les poussent leurs talents et leurs goûts naturels.

Mais il y a, à Marseille, d'autres établissements d'enseignement secondaire sur lesquels la Faculté des Lettres exercera la plus heureuse influence : nous voulons parler des établissements libres.

La Faculté, certes, ne songe pas le moins du monde à combattre chez elle l'enseignement qu'ont reçu ailleurs, et d'où qu'ils viennent, les élèves qui suivent ses cours ; car ces cours eux-mêmes sont faits par des professeurs d'opinions

très diverses et parfois diamétralement opposées.
Par exemple, à côté d'un admirateur de Bossuet
vous rencontrerez, dans la même Faculté, un
panégyriste de Voltaire et l'un et l'autre professeurs
n'en sont pas moins bons collègues. Or, c'est
cela même, c'est cette tolérance réciproque entre
gens qui ne pensent pas de même, et qui, en se
fréquentant, arrivent du moins à se comprendre et
à s'estimer, c'est cela que la Faculté apprend à ses
élèves, et c'est là, parmi toutes les leçons qu'elle
leur peut donner, une des plus belles et des plus
hautes, et nous ne craignons pas d'ajouter : une
des plus indispensables à la France actuelle.

Mais quelqu'un a tout récemment dit ces choses
bien mieux que nous ne les saurions dire nous-
même. On nous permettra de lui laisser la parole :

Ce serait une impardonnable faute, préparatrice de
grands malheurs, si nous élevions les jeunes générations dans des esprits différents, selon le nom des
établissements et l'étendue de l'instruction; si nous
divisions, au lieu de rapprocher, et si nous jetions
demain dans la société des hommes qui, tout en ayant
peut-être l'illusion de parler la même langue, seraient
condamnés à ne jamais se comprendre et, par suite, à
ne jamais s'aimer (1).

Telle est, admirablement définie, la mission
que peut remplir, dans une grande ville, parfois

(1) Discours de M. Poincaré, Ministre de l'Instruction publique
à la Distribution des prix du Concours général, le 30 juillet 1895.

très divisée, une Faculté des Lettres qui sait pratiquer chez elle et enseigner à ses élèves, et elles savent toutes cela, la liberté des opinions et le respect des individus.

Ainsi, 1.500 élèves du Lycée de Marseille, un nombre très considérable, on le sait, dans les établissements libres et, en plus, tous les élèves des départements voisins qu'attireront les précieux avantages des nouvelles licences et la réputation de la jeune Université, voilà la plus belle clientèle assurée à une Faculté qui ne sait à qui distribuer à cette heure la science de ses professeurs.

Et voici maintenant, à ces professeurs, qui auront enfin des élèves (la Faculté des Lettres en a 200 à Bordeaux et 300 à Lille), les instruments de travail que, sans parler de tous ceux qu'on pourra créer, la ville de Marseille met, dès aujourd'hui, à leur disposition.

C'est d'abord la *Bibliothèque de la Ville*, avec ses cent mille volumes, et tous catalogués, s'il vous plaît, ce que ne sont pas encore, ce que ne seront donc jamais les trésors, précieux mais introuvables, de la Bibliothèque Méjanes.

Et c'est ensuite *L'École des Beaux-Arts*, avec ses 900 élèves, sa belle collection de moulages antiques et ses cours dont quelques-uns seraient éminemment utiles à des étudiants ès-lettres. Ceux-ci, par exemple, s'empresseraient de suivre le cours actuellement fait à cette école par un professeur de la Faculté des Lettres sur l'*Histoire de l'Art*, alors surtout que l'Histoire de l'art figure parmi les matières de la nouvelle licence ès-lettres.

C'est le *Cabinet des médailles*, un des plus beaux de province et des mieux aménagés.

C'est enfin (car cette ville, qu'on dit tout entière plongée dans les chiffres et les affaires, abonde en ressources intellectuelles de toute nature), c'est le *Musée d'archéologie*, avec son Directeur hors ligne et avec ses collections si variées, leçons de choses toutes prêtes pour les étudiants du cours d'archéologie.

Après cela, n'est-il pas de la dernière évidence que la Faculté des Lettres n'a qu'à venir à Marseille pour qu'aussitôt on l'y voit prospérer et grandir?

Et que manque-t-il pour qu'elle y vienne enfin?
— Un seul mot écrit par le Ministre de l'Instruction publique.

Ce mot donc, nous le supplions de l'écrire; car, en vérité, il ne sera pas seulement un mot libérateur pour les professeurs qui aspirent à travailler, il sera encore, pour une grande ville laborieuse, la récompense méritée de tous les sacrifices qu'elle a déjà faits et qu'elle s'est engagée à faire pour l'Enseignement supérieur; et il sera enfin, ce mot ou ce décret appelé par tant de vœux légitimes, il sera la conséquence logique, je ne dis pas seulement de toutes les réformes accomplies

depuis vingt ans par tous les Ministres en vue
des futures Universités, mais des réformes mêmes
que le Ministre actuel a déjà faites ou qu'il va
faire prochainement.

C'est, en effet, une des ironies de la situation
universitaire entre Aix et Marseille, qu'un Ministre
ne peut pas faire une seule innovation dans
l'Enseignement supérieur, que cette innovation
ne fasse éclater aussitôt l'étrangeté d'une situation
si anormale. Les diverses licences ès-lettres
n'étaient jusqu'ici que des examens profession-
nels; le ministre vient d'en ouvrir libéralement
l'accès à tous les jeunes gens qui n'ont à demander à une Faculté que le couronnement de leurs
études: mais ces jeunes gens, *pour qui sont faites
les nouvelles licences,* la Faculté ne peut les trouver
qu'à Marseille. Le Ministre vient de créer un
doctorat ès-sciences politiques et économiques ;
qui suivra les cours affectés à ce doctorat nouveau ? les licenciés en droit. Mais où est, dans
l'Académie, la presque totalité des licenciés en
droit ? à Marseille. Or, ces licenciés ont déjà des
occupations à Marseille, il leur est matériellement
impossible de venir à Aix et cependant les cours
leur sont indispensables, car le nouveau doctorat
comprend des matières nouvelles pour lesquelles
les livres font encore défaut : conséquemment, les
élèves aussi feront défaut aux cours du nouveau
doctorat, lequel vivra comme il pourra à Aix.

Dans le projet sur les Universités, qui va être soumis aux Chambres, le Ministre donne généreusement au Conseil général des Facultés la libre disposition, pour le bien des études, des sommes provenant des inscriptions prises dans les Facultés, soit, pour la seule Faculté de Droit, à Aix, une vingtaine de mille francs. Mais ces 20.000 francs voilà qu'on n'en saura que faire dans une ville de 20.000 âmes; à moins que l'État n'invite la Faculté de Droit à rétribuer elle-même les cours nouveaux devenus nécessaires depuis la réorganisation des examens de Droit. Mais pour ces cours nouveaux les élèves aussi sont nécessaires et où les prendra-t-on? à Marseille, et c'est seulement à Marseille que le Conseil général pourra utilement dépenser les fonds nouveaux que le projet ministériel va mettre dans ses mains.

Ces fonds-là, il en fera avant tout profiter le peuple, comme c'est à la fois son devoir et son intérêt; il aura à cœur de vulgariser la science, de répandre dans les classes laborieuses des connaissances économiques ou littéraires qui sont, jusqu'ici, et pour le malheur de notre démocratie, restées étrangères à ceux qui, pourtant, font les élections, et, par conséquent, le gouvernement lui-même.

La Faculté de Droit donnera gratuitement, et les auditeurs lui viendront en foule, des cours d'Économie politique, d'Histoire des doctrines économiques, pour ne citer que les principaux.

Les professeurs de Lettres, par leurs relations avec les professeurs du Lycée, provoqueront les vocations littéraires chez les élèves les plus distingués et créeront des bourses d'études qui permettront à tous, même au moins fortunés, de conquérir les plus hauts grades universitaires.

Et l'Enseignement supérieur ne sera plus désormais, dans le département des Bouches-du-Rhône, *réservé à ceux-là seuls qui peuvent aller tous les jours se promener à Aix, aux seuls riches par conséquent, ce qui est à la fois une injustice et un non-sens dans un pays démocratique.*

Quant aux Conférences populaires, on peut se reposer, pour les organiser et les faire réussir, sur ces mêmes professeurs qui avaient inauguré à Marseille, pour les étudiants les plus intéressants de tous, pour les étudiants pauvres, ces conférences "gratuites" que les "socialistes" aixois ont fait interdire.

Il y a longtemps, du reste, que les professeurs de la Faculté des Lettres sont convaincus que, dans un pays égalitaire comme la France, l'Enseignement supérieur court les plus grands dangers à s'isoler du peuple : or, pour aller vers celui-ci, les professeurs de Lettres n'auront à se faire aucune violence puisque, qu'on nous permette de le dire en passant, certains d'entre eux sont des

enfants du peuple et que, si nous les connaissons
bien, loin d'en rougir, ils seraient plutôt gens à
en tirer vanité.

Voilà donc les ressources que s'offrent, pour
ainsi dire, l'une à l'autre et pour le bien commun.
la ville de Marseille et l'Université !

Mais il y a à Marseille une dernière ressource
dont nous n'avons rien dit et qui ne peut man-
quer à la Faculté des Lettres, puisque cette
ressource intellectuelle, c'est Marseille elle-même.
C'est à Marseille, en effet, et non pas à Aix, qu'on
sent battre le cœur de la France ; c'est là qu'on
peut participer à la vie d'une grande nation,
s'intéresser, si l'on veut et pour autant qu'on le
veut, aux préoccupations et aux agitations mêmes
d'une grande cité, la plus vivante de toutes après
Paris. Et tout cela constitue. pour l'esprit. des
stimulants autrement énergiques que les médi-
sances et les potins d'une petite ville.

J'ajoute que ces stimulants sont nécessaires:
une Faculté des Lettres, en effet. n'est pas comme
cette cité aérienne imaginée par Aristophane et
dont les habitants ne roulaient dans leur esprit
« que des pensées éternelles. » Les professeurs
de lettres vivent sur terre, de la vie de leur temps,
et les formes les plus contemporaines de l'art,
comme aux professeurs de sciences les plus
récentes découvertes, ne sauraient leur rester
étrangères. A ignorer celles-ci. ils risqueraient de

ne plus même comprendre les générations nouvelles qu'ils ont pour mission d'élever, mais, qu'à
cause de cela, ils ont pour devoir d'interroger et
de connaître.

Or, le moyen, je vous prie, pour des professeurs
d'Aix, de connaître les aspirations philosophiques
ou les rêves littéraires de la jeunesse contempo-
raine, quand ils n'ont, pour se renseigner, à part
quelques répétiteurs esclaves de leur rude besogne
quotidienne, que quatre boursiers, deux sémina-
ristes et un rentier ! (1)

Mais, en vérité, nous sommes las de prouver
sans cesse l'évidence, las de découvrir sans cesse
(à Marseille !) la Méditerranée. Nous n'ajouterons
donc plus qu'un seul mot :

Pour ses élèves, pour ses cours et ses conférences, la Faculté des Lettres ne reçoit *pas un sou*
de la ville d'Aix. Il ne lui est pas interdit d'espérer
davantage d'une ville où le budget de l'Instruction
publique est de deux millions et demi. Actuellement, cette ville a à sa tête un Maire dont nous
ne sommes nullement chargé de faire l'éloge,
mais dont il nous plaît de dire ici, et pour l'objet
seul qui nous occupe, qu'il a admirablement

---

(1) La Faculté des Lettres n'a pour l'année 1895-96 qu'*un*
boursier de l'État et *un* boursier du département, les candidats pour
ces bourses ayant fait défaut.

compris les devoirs qui incombent au premier
magistrat d'une grande cité. Il a très bien vu, et
tout son Conseil avec lui, que l'Enseignement
supérieur est la source même où viennent s'ali-
menter tous les autres enseignements, aussi bien
techniques que secondaire et primaire ; et, d'autre
part, il n'a pas voulu, au moment où va se faire
la répartition des Universités, que Marseille fût
traitée comme si elle n'était pas en France, alors
qu'elle en est la seconde ville, disons, si l'on veut,
pour ne fâcher personne, une des deux secondes
villes.

C'est pour cela que les partisans de l'Université
marseillaise ont toujours trouvé, et c'était leur
devoir de le proclamer ici, le plus ferme et le plus
constant appui auprès du Maire et de la Municipalité de Marseille. Ils espèrent et, si nous sommes
bien renseigné, ils ont raison d'espérer que, le jour
où les Facultés cesseront d'être reléguées à Aix,
la municipalité de Marseille ne leur marchandera
pas son précieux concours.

V

LE CONSEIL GÉNÉRAL DES BOUCHES-DU-RHONE
ET LE CONSEIL GÉNÉRAL DES FACULTÉS

A deux reprises le Conseil général des Bouches-du-Rhône s'est occupé du transfert et, à deux reprises, il l'a repoussé à une voix de majorité: seulement, ce qu'il a voulu dire dans ces deux séances, nous défions qui que ce soit de le comprendre et de nous l'expliquer. Que le lecteur en juge : la première fois (avril 1895) il a émis un vœu « tendant à la création d'une Université de Provence tout en sauvegardant les droits d'Aix. » La première partie du vœu demande et la seconde partie rend impossible la création d'une Université. Dans une seconde séance (29 août 1895) il a opposé la question préalable à ceux des conseillers qui avaient émis un vœu en faveur d'une Université de Provence.

En lui-même, ce rejet pur et simple par la question préalable se comprend à merveille ; il ne se comprend plus si on le rapproche du vœu

5

émis à la précédente session, et émis *à l'unanimité*, en faveur de l'Université de Provence. Ainsi, dans sa séance d'avril 1895, le Conseil général des Bouches-du-Rhône a émis un vœu dont la seconde partie contredit la première ; et, dans sa séance du 29 août 1895, ce même Conseil a voté une *question préalable* qui annule ce qu'il avait voté à l'unanimité en avril dernier ; il ne lui reste plus qu'à demander la suppression des Facultés « tout en sauvegardant les droits d'Aix ».

Une seule chose est claire, une seule conclusion ressort des votes qui se sont succédé, sans se ressembler, au Conseil général des Bouches-du-Rhône : c'est que, à deux reprises, l'Université de Marseille a été demandée par *plus* de 150.000 voix et repoussée par *moins* de 150.000. Et cette conclusion, les chiffres eux-mêmes l'imposent avec une évidence irréfutable.

En effet, un conseiller général n'est pas, quand il parle et vote, un simple individu qui ne parle et ne vote qu'en son nom. puisqu'il est le « représentant » de tous ceux qui l'ont nommé et dont il a les intérêts à défendre. Ce n'est pas, par exemple, comme un étudiant qui, à la Faculté, ne représente que lui seul ; ainsi. quand nous disions qu'il y a trois étudiants libres à la Faculté des Lettres d'Aix, ce sont là simplement trois unités et rien au monde (malheureusement) ne peut augmenter leur valeur numérique.

Tout autre chose, — avons-nous besoin de le dire ? est un conseiller général : il « représente » ses électeurs.

Or les conseillers de Marseille ont toujours demandé, au nom de leurs électeurs, l'Université, c'est-à-dire le transfert. Leurs mandants sont plus de 450.000, tandis que les habitants de tout le reste du département ne vont qu'à 150.000. Comme, d'autre part, des conseillers généraux, qui ne sont pas de Marseille, ont les deux fois voté avec eux, nous demandons si, en bonne et stricte logique, les pouvoirs publics ne sont pas obligés de répondre aux prétentions des conseillers aixois et arlésiens : « l'Université de Marseille a été deux fois à l'assemblée *départementale* des Bouches-du-Rhône demandée par *plus* de 400.000 habitants du *département* et rejetée par *moins* de 200.000 ». Car, en vérité, est-ce la faute de Marseille, si, avec ses 400.000 habitants et plus, elle ne compte que 8 conseillers généraux ? Est-ce sa faute si, alors que, pour sa seule part, elle contribue au budget départemental *pour les 4/5*, elle ne dispose que d'un quart des voix ou à peu près ? Elle est bonne pour peupler le département, elle est surtout bonne pour payer ses dépenses et quand elle réclame une chose juste, utile non-seulement à elle, mais à tout le département (qui doit passer avant une ville quelconque) on lui impose silence, on lui inflige « la question préa-

lable », et la majorité subit la loi de la minorité
et les deux tiers du département sont sacrifiés aux
petits intérêts et aux petites compromissions de
l'autre tiers.

Maintenant, ce dernier tiers se décompose, on
le sait, en Aixois et Arlésiens. Or, que les Aixois
défendent avec acharnement leurs pauvres Facultés, cela se comprend de reste : c'est le dogue
affamé qui défend sa maigre pitance. Mais le vote
des Arlésiens nous laisse rêveurs et nous demandons qu'un Œdipe nous explique quel intérêt,
j'entends quel intérêt *arlésien* peuvent avoir des
représentants d'Arles à empêcher, en Provence, la
création d'une Université qui, indépendamment
des avantages qu'en retirerait le département tout
entier, donnerait en particulier à l'antique cité
d'Arles, à ses monuments, à toute son histoire, un
renouveau de splendeur et de gloire : car il n'est
pas douteux que la ville d'Arles serait, pour les
étrangers, une attraction sérieuse, et, pour l'Université provençale, un de ses plus beaux fleurons.

Qu'est-ce donc qui a pu dicter leur vote aux
conseillers arlésiens ? Ce ne peut être la peur,
c'est donc l'amour, et l'amour désintéressé, du
dogue aixois, — à moins que ce ne soit le marchandage dont ils se défendent avec tant d'énergie,
ce marchandage conclu contre Marseille : les
Aixois refusent à Marseille son Canal à la condi-
tion que les Arlésiens lui refusent ses Facultés.

En résumé, un vote qui se contredit et s'annule
lui-même d'une session à l'autre et dans la même
session ; un vote émis à une voix de majorité et,
la seconde fois, émis grâce au silence imposé aux
représentants de 400,000 électeurs ; un vote qui
fait le jeu d'une moitié seulement de la minorité
qui l'a imposé ; enfin, et, nous réservions ce
comble pour le dernier, un vote émis par le Conseil départemental des Bouches-du-Rhône et qui
sert admirablement le département.... de l'Hé-
rault (1).

A ce vote incohérent et, nous le répétons, inex-

(1) Dans sa séance du 29 août 1895, le Conseil général des
Bouches-du-Rhône a voté, par 15 voix, la question préalable con
tre 12 qui demandaient l'Université de Provence. Mais à ces 12 il
faut joindre MM. Nicolas et Lafond qui, absents au moment du
vote, ont catégoriquement déclaré *en séance* qu'ils auraient voté
avec les Marseillais : cela fait déjà 14 voix acquises au transfert.
D'autre part, M. Maurel, conseiller général pour le canton de la
Ciotat, dont les intérêts sont exactement ceux de Marseille, avait
voté contre les Marseillais (lui seul pourrait dire pourquoi) ; mais,
à quelques jours de là, il s'est vu infliger, par ses propres commettants, le désaveu le plus formel de son vote : dans sa séance du 11
septembre 1895, le Conseil municipal de la Ciotat, non-seulement
a voté le transfert, mais il a commenté son vote, en le présentant
comme fait pour combattre « les interprétations auxquelles avait
donné lieu, en ce qui concerne la Ciotat, la question des Facultés
au Conseil général. » Supposez donc que M. Maurel se décide un
jour, ce qui n'est pas absolument invraisemblable, à voter dans le
sens que lui ont si vertement précisé ses commettants, il y aura 15
voix pour et 15 voix contre le transfert. Mais le président, qui a
voix prépondérante, ayant voté pour, cela ferait 16 voix pour et
15 voix contre. On voit par là combien la majorité anti-transfériste
du Conseil général est, même numériquement, insignifiante.

plicable (car qui *oserait* l'expliquer ?), que l'on compare maintenant le vœu déposé en juin dernier par un autre Conseil général, celui des Facultés. Ce n'est pas à une voix de majorité, c'est à l'unanimité moins une voix, que ce Conseil a déposé un vœu en faveur du transfert. Et si *le seul* professeur qui ait combattu le vœu était Aixois, *aucun* de ceux qui l'avaient signé n'était Marseillais.

Et maintenant, de quel côté, dans quel Conseil est, je ne dis pas seulement la compétence véritable, mais encore et il faut qu'on nous passe notre franchise, le véritable désintéressement ?

On s'est permis, en effet, de reprocher aux signataires du vœu en faveur du transfert d'avoir été guidés par leur intérêt particulier. Et si nous relevons ici cette accusation grossière, que nous pourrions nous contenter de renvoyer à leurs auteurs, ce n'est pas le moins du monde pour en disculper les professeurs, qui sans doute n'en ont fait que rire ; c'est tout simplement pour donner à leur vœu la portée considérable qu'il doit avoir.

Deux ou trois détails précis nous suffiront pour cela. A Aix, on a, pour 1.000 francs, une dizaine de pièces très confortables : on paierait le double à Marseille un pareil logement. Plusieurs professeurs de Droit et presque tous les professeurs de Lettres répètent à Marseille le cours public qu'ils font à Aix et qui leur est payé à part 1,200 francs.

Qu'on ajoute les dépenses accessoires qu'on fait dans une grande ville et qu'on n'a pas l'occasion de faire à Aix, c'est, en définitive, à peu près 3,000 francs par an que coûtera le tranfert aux professeurs qui l'ont demandé, et les professeurs, chacun le sait, ne sont pas riches et certains d'entr'eux ont une famille nombreuse...

Que veulent-ils donc faire dans cette galère... de Marseille ?

Ils veulent uniquement y travailler plus qu'ils ne travaillent à Aix. Ils veulent faire des élèves.

Ils veulent rappeler aux riches d'une grande ville, ce que toute ville commerçante est tentée d'oublier, à savoir qu'il y a des choses qui ne rapportent absolument rien, mais qui méritent d'autant plus d'être poursuivies et aimées, car elles sont, comme disait Sainte-Beuve, « la superfluité immortelle et légère de l'art et de la vie. »

Ils veulent enfin (car ils poursuivent aussi ce noble but comme nous l'avons montré plus haut), ils veulent faire participer aux bienfaits de la science et au charme des lettres les déshérités de la fortune qui sont innombrables dans une ville de 400,000 âmes.

Voilà ce que veulent les professeurs de Faculté, voilà l'*intérêt particulier* qu'ils poursuivent et nous demandons maintenant en toute sécurité à l'opinion publique de comparer le vœu du Conseil général des Bouches-du-Rhône au vœu contraire du Conseil général des Facultés.

Ce qu'a demandé, à une voix de majorité, le
Conseil général des Bouches-du-Rhône, c'est, il
faut bien qu'on nous permette ce mot brutal,
puisqu'il exprime seul tout le fonds de la question,
c'est que l'Etat continue à donner aux Aixois de
quoi faire bouillir leur marmite ; ce qu'ont
demandé à la presqu'unanimité les professeurs de
Faculté, c'est que l'État cesse enfin de favoriser
une petite ville, aussi paresseuse qu'intrigante et
besogneuse, non-seulement au détriment de la
science et des étudiants, mais encore aux dépens
de la Provence et du pays tout entier. Entre ces
deux vœux, aussi opposés l'un à l'autre que peuvent l'être l'intérêt particulier et l'intérêt général,
l'opinion publique ne saurait hésiter un instant, et
le gouvernement, nous l'espérons bien, n'hésitera
pas davantage.

VI

Douai-Lille et Aix-Marseille

On devine, par tout ce que nous avons dit, les
graves raisons qui ont imposé le transfert des
Facultés de Douai à Lille : les mêmes raisons, et
de plus fortes encore, commandent le transfert des
Facultés d'Aix à Marseille.

Si la Faculté de Droit a été transférée de Douai
à Lille, ce n'est pas seulement parce qu'on voulait
la transplanter dans un milieu plus vivant et
mieux approprié : c'est encore, chacun le sait,
parce qu'on voulait combattre sur place la concur-
rence des Facultés libres de Droit et de Médecine.

Rien de tel à Marseille : mais la cause de Marseille n'en est que plus belle, étant plus libérale et
plus vraiment digne d'un grand peuple qui a inscrit dans ses lois la liberté de l'Enseignement
supérieur.

Et puis, les Lillois avaient, du moins, sous la
main, le moyen de faire faire leurs études de Droit
à leurs enfants et ce moyen était du goût, il en
faut convenir, d'un grand nombre de pères de
familles, puisque la Faculté libre était très florissante ; à Marseille, il n'y a rien... qu'une Faculté
de 50 élèves et parce que la ville de Marseille est
républicaine, parce qu'elle préfère envoyer ses

enfants aux Facultés de l'Etat, son Université
sera-t-elle donc la rançon de son républicanisme?

On va de Douai à Lille, en 35 minutes; il faut
1 h. 05, le double de temps, pour aller d'Aix à
Marseille en train express et il n'y a par jour que
deux express dont ne peuvent jamais user les
professeurs de Marseille, membres du Conseil
général des Facultés. Partis de Marseille à 1 h. 40,
ils ne sont à Aix qu'à 3 h. 11, soit une heure et
demie pour aller et autant pour le retour.

A cause d'eux, les séances du Conseil général
ont lieu à 3 heures 1/2, justement l'heure des
cours dans les Facultés. Les jours de séance, les
trois membres aixois du Conseil général doivent
renvoyer leurs élèves avant la fin de la leçon; quant
aux cinq professeurs marseillais, c'est toute une
demi-journée de perdue pour eux et leurs élèves.

Lorsque les Facultés étaient à Douai, on parlait
de séances du Conseil général *bousculées* et l'on se
plaignait que le Conseil fût rarement au complet;
croit-on qu'il en va autrement à Aix où le Conseil
ne se réunit que tous les deux mois?

Et pourtant le Conseil général, dans le nouveau
projet ministériel, va devenir le rouage principal
et comme l'âme même de l'Université. Dès maintenant, tout ce que discute et vote ce Conseil suppose, — avons-nous besoin de le dire? — la vie
commune entre toutes les Facultés; mais ce que
suppose le Conseil général d'Aix-Marseille n'est,
en effet, qu'une pure supposition!

Sans entrer dans le détail de ses attributions, prenons seulement l'exemple le plus matériel : l'*affiche commune* qu'il rédige tous les ans; cette affiche doit indiquer et *faciliter* aux étudiants les cours des Facultés autres que la leur. Ainsi un étudiant de Marseille sait par elle qu'*à 2 heures* il peut assister à un cours de la Faculté des Sciences *à Marseille* et *à 3 heures* à un cours de la Faculté des Lettres *à Aix*. On voit tout de suite quels inappréciables services rend l'affiche commune.

Cette affiche est le parfait symbole de la vie universitaire qui circule, par chemin de fer, entre Aix et Marseille, et c'est le cas ou jamais de citer cette phrase de M. le Directeur de l'Enseignement supérieur : « Quelle vie commune entre établissements éloignés les uns des autres? ainsi réalisées, les Universités ne seraient qu'une *affiche trompeuse*. » (*L'Enseign. supér. en France*, II, 362.)

Et enfin, ce qu'un grand professeur a dit de Lille, les votes récents du Conseil général des Bouches-du-Rhône et les *questions préalables* opposées aux représentants d'une ville de 400.000 âmes, nous ont montré qu'on pouvait le dire, avec non moins de vérité, de Marseille elle-même.

Tout comme Lille jadis, Marseille aujourd'hui « représente en face des intérêts privés (d'Aix) le droit supérieur du progrès (1) ».

Non seulement le Conseil général du Nord avait

(1) M. Lavisse, *Revue Internationale de l'Enseignement*, XII, 479.

repoussé le transfert, et à un plus grand nombre
de voix que ne l'a fait le Conseil général des
Bouches-du-Rhône, mais encore tous les professeurs de Droit à Douai combattaient ls transfert :
ils le demandent tous à Aix, sauf un seul (Aixois
d'origine). Le Conseil général des Facultés de
Douai-Lille avait voté le transfert par 8 voix seulement contre 12; le Conseil général des Facultés
d'Aix-Marseille l'a demandé à l'unanimité moins
une voix

Et ainsi, c'est peu de dire avec M. Lavisse com-
parant Douai-Lille et Aix-Marseille, que : « les
arguments valent pour l'un et l'autre cas. » En
réalité, tous les arguments qui valaient contre
Douai valent aussi contre Aix; mais Aix a le privilège d'en fournir de nouveaux aux partisans du
transfert, c'est-à-dire « du progrès » (1).

(2) Aux faits innombrables que nous avons cités en faveur du
transfert, il convient d'ajouter ces trois faits récents :

Il y avait jusqu'à ce jour, à la Faculté de Droit, un cours de
Législation coloniale : *il vient d'être supprimé*, faute de 1.500 francs
et désormais l'on n'enseignera plus la législation coloniale à deux
pas de Marseille et sur la route de nos colonies !

Il y avait jusqu'ici, à cette même Faculté de Droit, un cours de
Langue française à l'usage des étudiants de nationalité étrangère :
il vient d'être supprimé. Et il y avait enfin, à l'École municipale de
dessin d'Aix, un cours sur l'Histoire de l'Art fait par un professeur
de la Faculté des Lettres : ce cours *vient d'être supprimé* parce que,
dit textuellement le rapport de M. l'Inspecteur Charvet, l'école
d'Aix « végète dans une médiocrité désespérante ». — L'an dernier, c'était le cours d'adultes (Association philotechnique) qui se
supprimait lui-même, faute d'auditeurs : *etiam perire ruinœ.*

CONCLUSION

En résumé la ville d'Aix a, non pas des droits, mais uniquemenr un infatigable député, dont la devise est : « Tout pour Aix ». Cela suffit peut-être pour expliquer, non à coup sûr pour légitimer le maintien des Facultés à Aix.

Les Facultés ne sont pas faites pour nourrir les villes, mais, premièrement, pour faire avancer la science et, secondement, pour la propager. Or, pour faire avancer la science, il faut aujourd'hui de l'argent et, pour la propager, il a toujours fallu des élèves. Aix n'a ni l'un ni l'autre et l'un et l'autre abondent à Marseille.

D'autre part, le moment est venu, pour Marseille, d'affirmer hautement et de faire triompher ses droits incontestables. Le Gouvernement va soumettre aux Chambres son projet sur les Universités régionales : or s'il est en France une région qui, par ses traditions de toute sorte, par sa langue même et son passé glorieux, mérite d'avoir une Université, cette région est, à n'en pas douter, la Provence. Et s'il est, en Provence, une

ville où l'on doive fonder une Université capable
de faire honneur à la science et au pays tout
entier, cette ville, sans discussion aucune, est
Marseille.

C'est donc dans l'intérêt de la science et du
pays, c'est au nom même du bon sens et de
l'équité, que nous supplions les pouvoirs publics
de créer, en même temps du reste qu'à Besançon,
Rennes ou Poitiers, une Université à Marseille.

TABLE DES MATIÈRES

Marseille. — Typ. et Lith. Barthelet et Cⁱᵉ, rue Venture, 19.

LISTE DES MEMBRES

DE LA

Société des Amis de l'Université

DE MARSEILLE

SOCIÉTÉ

DES AMIS DE L'UNIVERSITÉ

DE MARSEILLE

COMITÉ :

Président : M. FÉLIX BARTHÉLEMY, ancien Président du Tribunal de Commerce.

Vice-Président : M. VALENTIN GROS, membre de la Chambre de Commerce.

Trésorier : M. BARTHELET, membre de la Chambre de Commerce.

Secrétaire : M. BONTOUX, avocat, Président de l'Association générale des Etudiants.

MEMBRES DE LA SOCIÉTÉ :

AGELASTO, négociant, membre de la Chambre de Commerce.

AIMARD, coiffeur.

ALBIN, Pierre, avocat.

ALBY, Charles, négociant.

ALBARIC, horloger.

ALBRAND, charcutier.

ALLARD, chapelier.

ALPHANDÉRY, juge au Tribunal de Commerce.

ANCEY, J., Directeur de la Compagnie d'Assurances *La Nationale*.

ANRÈS, déménagements.

ANDRÉ, L., chemisier.

ARNAUD, Emile, minotier, ancien Président du Tribunal de Commerce.

ARNAVON, Président de l'*Alliance Française*.

AUDIER, agent de change.

AUDIBERT, Henri, fabricant de savon.

AUSSEL, Paul.

AUTHIER DE SISGAU A. (d'), propriétaire.

AZAMBUJA (d'), courtier.

BACCUET, Emilien.

BAIN. J.-H., pharmacien.

BARON, propriétaire.

BARON, fabricant de savons.

BARRIÈRE frères, droguistes.

BARNAVE (l'abbé), Directeur de l'Ecole Salvien.

BAUX, Emile, juge suppléant au Tribunal de Commerce.

BAYOL, courtier inscrit.

BEAU, H., importateur, ancien juge au Tribunal de Commerce.

BEC-BERTRAND, papetier-imprimeur.

BECHTEL, brasseur.

BÉCHARD, Auguste, ingénieur.

BERGASSE, négociant.

BÉNAC, propriétaire.

BERNABO, agent de change.

BERNABO, fabricant de savons.

BERTHON, industrie funéraire.

BERTRANON, avocat.

BILLION, triturateur.

BLANC, F., lampisterie.

BLÉVY, coiffeur.

BLOHORN, courtier de commerce.

BONNASSE, Léon, banquier.

BONNET, Gustave, assureur maritime.

BORELLO et HUGUES, négociants.

BOUSQUET, docteur.

BOY-TEISSIER (Dr), médecin des hôpitaux.

BOURDILLON (docteur).

BOULARD, lieutenant de vaisseau en retraite, comman-
dant aux Messageries Maritimes.

BRÉMOND, pharmacien.

BRÉMOND, Victor, avocat.

BRUN, Michel, négociant en laines.

BRUEL, chaussures.

BRUGUIÈRE, E., pasteur.

BRUNET, minotier.

CAILLOL, Président de la Chambre des avoués.

CARLE, François, courtier inscrit.

CARREL, négociant.

CAUNE, Barthélemy, courtier inscrit.

CERTONCINY, Lucien, jaugeur de commerce.

CERDANNE, fournisseur pour la photographie.

CHABAURY, laines.

CHABER, Edmond, négociant.

CHABERT, Paul, fabricant d'huiles.

CHAPUIS, H., courtier en graines oléagineuses.

CHAMPSAUR, courtier.

CHARLET frères, horlogers.

CHAUVET, fabricant de savons.

CHEURET, agent de change.

CODDE DE NICOLAS, horloger.

COLOMBIER (DU), H., armateur.

CONTE, juge au Tribunal Civil.

CONDAMIN, Paul.

COMBARNOUS, Alph., négociant en soies.

COSTE, chemisier.

COSTE, agent de change.

COTY, minotier, Président du Conseil des Prudhommes.

COUGIT, minotier.

COURET, fabricant de savons.

COURT DE PAYEN, fabricant de savons.

DAVEIGNO, boulanger.

DELAYGUE frères, négociants.

DELIBES, ancien conseiller général.

DIÉMER, Charles, fabricant d'huiles.

DIDIER et GROSJEAN, horlogers.

DIF, boucher.

DOMERGUE, P.-X., ancien membre de la Chambre de Commerce.

DOMERGUE, Henri, négociant.

DOMERGUE, Eugène, négociant.

DOMERGUE, Auguste, ancien membre de la Chambre de Commerce.

DOZOUL et fils, confections.

DROGOUL, avocat.

DUPUIS, fabricant de savons.

DURAND, ferblantier.

ESTADAS, B., négociant.
ESTADAS, Auguste, négociant.
ESTRANGIN, notaire.
ESTRINE, L., armateur.

FABRE, Paul, fabricant d'huiles.
FABRE, Fernand, courtier en graines oléagineuses.
FAÏSSE et LIEUTIER, courtiers en graines oléagineuses.
FAVIER, A., boulanger.
FÉRAUD, ameublements.
FLACH, ancien Président de la Société pour la Défense
    du Commerce.
FOREL, Samuel, négociant.
FOURNIER, attaché aux Archives départementales.
FOUQUE, J., négociant en laines.
FRAISSINET, Alfred, armateur.
FRAISSINET, Léon, courtier d'assurances maritimes.
FRAISSINET, teinturier.
FRANÇOIS et ODE, négociants en laines.
FRITCH-ESTRANGIN, négociant.

GAILLARD, Lucien, courtier inscrit.
GALINIER, Félix, négociant en marbres.
GALINIER, Émile, négociant en marbres.
GALLAND, Louis, représentant de commerce.
GALULA, Mardochée, négociant importateur.
GALULA, J., négociant licencié en droit.
GARCIN DE TASSY, courtier inscrit.
GASTINEL, ancien Conseiller d'arrondissement.
GAUBERT et POUSSIBET, drapiers.
GAUTIER, agent de change.
GAUTIER jeune, S., minotier.
GAVOTY, Henri, fabricant d'huiles.

Gensolen, avocat.

Gilbert des Voisins (Comte), négociant.

Gillibert, A. et Cⁱᵉ, électriciens.

Gimmig, Georges, agent de change.

Gonzalès, lièges et bouchons.

Ginet, minotier.

Girard fils aîné, cuirs et peaux.

Girard, Léon, quincaillier.

Girard, X., cuirs et peaux.

Giraud, Félix, ancien notaire.

Goirand, ameublements.

Gravier, Gustave, armateur.

Gueyrard, père et fils, restaurateurs.

Guibert, avocat, Conseiller général.

Guichard, négociant.

Guigues, coiffeur.

Guigou, H., boucher.

Guis, Léonce, fabricant d'huiles.

Hancy, Camille, courtier.

Hérissé, M., marchand de musique.

Isoard et Vedel, papiers peints.

Jacony, papiers.

Jeansoulin et Luzzatti, fabricants d'huiles.

Jessé (De), avocat, ancien maire de Marseille.

Jérome, peintre.

Jouve, boulanger.

Jullien, courtier inscrit.

Laugier, coffres-forts.

Lamoureux, syndic des agents de change.

LAUTARD et GAUBERT, quincailliers.
LECA, D. et Cie, fabricants de savons.
LICCIONI, marchand-tailleur.
LION cadet, coutelier.
LOMBARD, directeur du domaine Cuoq.
LOMBARD, négociant.
LOMBARD, A., cuirs et peaux.
LONG, A. et Cie, trousseaux.
LONG, R. et H., négociants.
LUCET, Louis, laines.

MAGNAN, Léon, juge au Tribunal de Commerce.
MAGNAN, Albert, négociant.
MAGNAN, Gustave, fabricant de savons.
MAGNAN, Joseph, licencié en droit.
MAGNAN, Georges, fabricant d'huiles.
MAILLET, mercier.
MALLON, minotier.
MAULOZ, L., marchand de meubles.
MANCEL, Henri, courtier inscrit.
MARGUERY, avocat, ancien adjoint au Maire de Marseille.
MARTIN, téinturier.
MAURIN, négociant.
MAURIN, Jean, licencié ès-lettres.
MAURIN, Gabriel, chimiste.
MAUREL, Joseph, minotier.
MATHERON, B., chef de section aux Messageries Maritimes.
MATHERON, Cyprien, comptable.
MAUNIER, fabricant de corsets.
MILLIAU et CAIRE, fabricants de savons.
MILLIAU, Membre de la Chambre de Commerce.

Moulin, Président du Syndicat des Minotiers.
Moullot fils aîné, imprimeur.
Mouline, pasteur, président du Consistoire.
Monod, Edouard, pasteur.
Müller, Léonce, architecte.

Nauzière fils, instruments de musique.
Nel, Ph., plombier-zingueur.
Nodet, Charles, fabricant d'huiles.
Nolane, L., papetier.

Olive, courtier inscrit.
Oppermann, Eug., négociant.

Palanque et Cⁱᵉ, négociants en grains.
Pastore, Décanis et Rébufat, bijoutiers.
Paul, Virgile, courtier inscrit.
Petitot, quincaillier.
Petit, Armand, courtier de commerce.
Pélissot (De), ingénieur.
Pélissier, propriétaire.
Philip, Président du Syndicat des courtiers inscrits.
Picciotto, Ed., courtier inscrit.
Planavergue, L., chimiste.
Platy-Stamaty, bâtonnier de l'ordre des avocats.
Poudrel, Pierre, courtier de commerce.
Poupardin, Marc, fabricant d'huiles, ancien juge au
    Tribunal de Commerce.
Pons, A. et Pasquier, Paul, courtiers.
Porte et Lion, chemisiers.
Poussibet, Léon, représentant de commerce.

Quinson, Fortuné, imprimeur.

RAIBAUD, Calixte.

RAIBAUD, Louis, ingénieur électricien.

RAPHAEL, Michel, réglisserie.

RAMBAUD, membre de la Chambre de Commerce.

RAYMOND DE ROUX, juge au Tribunal de Commerce.

REGGIO, Nicolas-L., fabricant de savons.

REBUFFAT, agent de change.

REINAUD, Henri.

REYNAUD, Gustave, courtier.

RIBOULET, A., nouveautés.

RICARD, F., boulanger.

RIUTTI, Eugène, acconier.

RIVOIRE, Philippe, juge au Tribunal de Commerce.

RIVOIRE, Marius, négociant.

ROBERTY, Bruno, fabricant d'huiles.

ROGER, Léon, ancien juge au Tribunal de Commerce.

ROLLAND, juge au Tribunal de Commerce.

RONDONY frères, balanciers.

ROSTAND, Eugène, Président de la Caisse d'Epargne des
    Bouches-du-Rhône.

ROUSSET, Léon.

ROUMAILLAC, gantier.

ROUVIÈRE, Balthazar, avocat, ancien Conseiller général.

ROUX, Jules-Charles, député.

ROUX, Maurice et Paul, fabricants de savons.

SAINT-YVES, rédacteur au *Journal de Marseille*.

SAMAMA, Nissim, avocat, docteur en droit.

SAMAT, directeur du *Petit Marseillais*.

SASIA, H., pharmacien.

SAUERWEIN, commissionnaire en laines.

SAUVAIRE, Henri, négociant.

SAVINE, Ernest, négociant.

Savoye, buraliste.

Sicard (chanoine), directeur du pensionnat du Petit Sacré-Cœur.

Schlœsing, Emile, négociant.

Schlœsing, Henri, négociant.

Sivan, Hilarion.

Spetz, propriétaire.

Surian (Octave de), doyen des agents de change.

Tatin, Bains phocéens.

Taverdet, confiseur.

Tempier fils, J., fabricant d'huiles.

Thierry, avocat.

Thouzelier, Louis, directeur de la corderie Ste-Anne.

Thourel, Président du Conseil général.

Tissot, opticien.

Turcat et Gaubert, négociants-commissionnaires.

Ulysse, directeur de la Compagnie d'Assurances générales.

Valette, Hipp., négociant en laines.

Vallette, Jules, courtier inscrit.

Valette, Henri, négociant en laines.

Vergne, négociant.

Vial, avocat, docteur en droit.

Vincent, Emile, assureur.

Vizern, pharmacien.

Weill, grand rabbin.

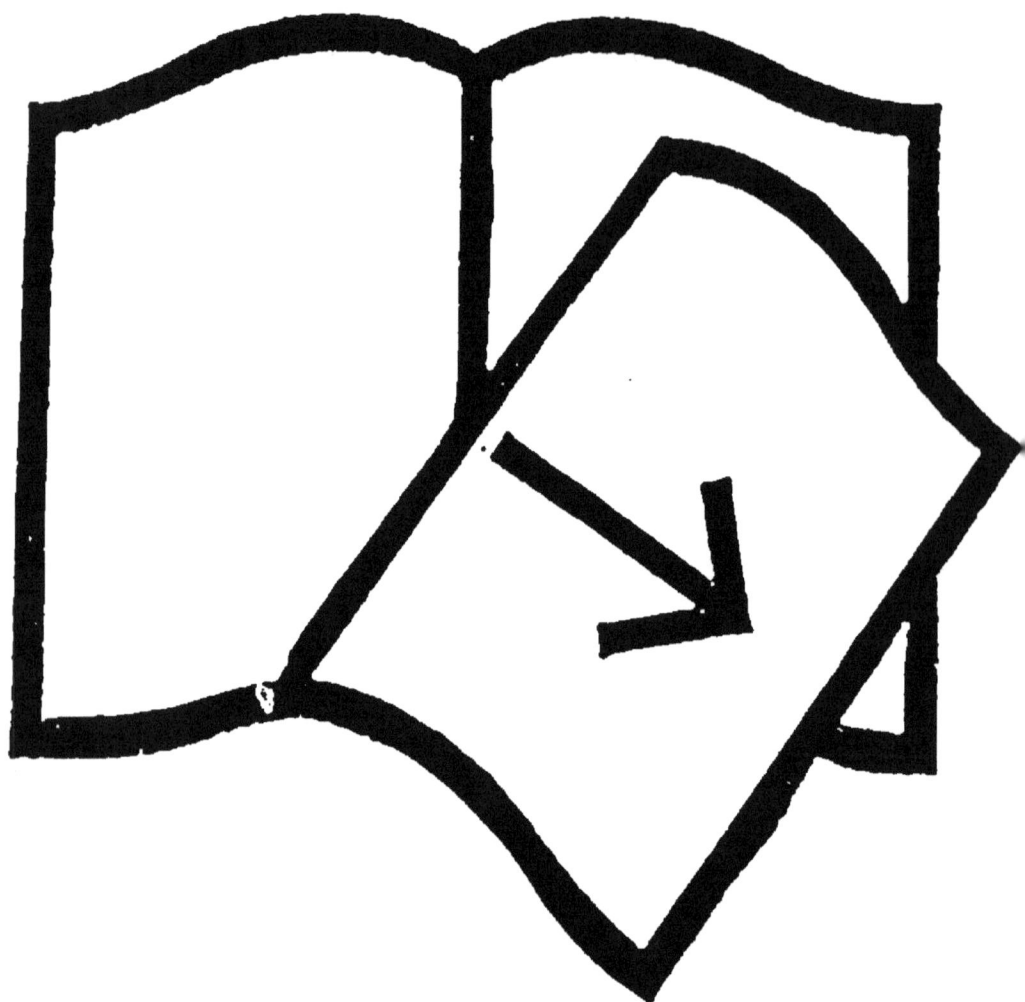

Documents manquants (pages, cahiers...)
NF Z 43-120-13

www.ingramcontent.com/pod-product-compliance
Lightning Source LLC
Chambersburg PA
CBHW052147090426

42741CB00010B/2176